新军迷
系列丛书

别告诉我
你懂单兵

《深度文化》编委会　编著

U0275010

清華大学出版社
北京

内 容 简 介

本书是介绍单兵作战知识的科普图书，共分为5个部分。第1部分对单兵作战的定义、演变历史、主要作用、未来趋势等基础问题进行了解答。第2部分对现代军队的编制结构、兵种特点、人员征察、日常训练等问题进行了解答。第3部分是与单兵作战的武器装备相关的问题进行了解答。第4部分是与单兵作战技术、战术相关的问题进行了解答。第5部分对现代战争史上的部分经典战例进行了解析。通过阅读本书，读者会深入了解古往今来的单兵作战。

本书内容丰富，结构严谨，分析讲解透彻，既适合广大军迷和中小学生作为科普读物，也适用于历史学者、影视制作人员、网络作家等作为参考书籍。此外，本书还可作为各大军事院校相关专业的教学辅助用书。

图书在版编目 (CIP) 数据

别告诉我你懂单兵 / 《深度文化》编委会编著．
北京：清华大学出版社，2025. 2. -- (新军迷系列丛书). -- ISBN 978-7-302-68193-9
Ⅰ. E15-49
中国国家版本馆 CIP 数据核字第 20256C3Y65 号

责任编辑：李玉萍
封面设计：王晓武
责任校对：张彦彬
责任印制：刘海龙

出版发行： 清华大学出版社
　　　　网　　址：https://www.tup.com.cn，https://www.wqxuetang.com
　　　　地　　址：北京清华大学学研大厦A座　　邮　　编：100084
　　　　社 总 机：010-83470000　　　　　　　邮　　购：010-62786544
　　　　投稿与读者服务：010-62776969，c-service@tup.tsinghua.edu.cn
　　　　质 量 反 馈：010-62772015，zhiliang@tup.tsinghua.edu.cn
印 装 者： 小森印刷霸州有限公司
经　　销： 全国新华书店
开　　本： 146mm×210mm　　　**印　　张：** 7.375　　**字　　数：** 307千字
版　　次： 2025年3月第1版　　　　　　　　　**印　　次：** 2025年3月第1次印刷
定　　价： 59.80元

产品编号： 098053-01

前　言

　　单兵是军队的基本组成部分。在冷兵器时代，一人之勇武，可影响三军将士，阵前斩将和带头冲锋杀敌，能很好地鼓舞己方士卒，同时打击敌方士气。在我国古代战争史上，出现过魏武卒、陷阵营、虎豹骑、玄甲军、背嵬军等众多精锐部队，这些部队的每一名士兵都拥有极强的单兵作战能力，当他们并肩作战、共同进退时，就成了敌人的噩梦。

　　当人类战争走过冷兵器时代、火器时代，进入高科技时代，作战方式在变，军队对单兵素质的要求却没有变。单兵作战能力决定着军队整体的战斗水平，是训练水平、战术战法、身体素质、精神意志的综合体现。

　　未来战争，无论战场环境如何变化，单兵总是最基本的战斗单元。战争最后胜利的标志，仍然是持枪士兵占领敌方阵地。消灭敌人和保护自己，历来都是单兵作战能力的两大要素。为此，世界各国都在努力加强本国军队单兵的攻击能力和生存能力，具体做法有调整征兵计划、提高训练水平、研发先进装备、研究新型战术等。

　　本书采用问答的形式对单兵作战的相关知识进行了讲解，书中精心收录了科普爱好者广为关注的 100 个热门问题，涵盖发展历史、人员征募、部队编制、武器装备、作战形式、战斗技能、行动战术、经典战例等多个方面，每个问题都进行了专业、准确且细致的解答。为了帮助读者更好地理解复杂的科普知识，并增强图书的趣味性和观赏性，本书还配有丰富且精美的示意图和鉴赏图，以及生动有趣的小知识。

本书是真正面向科普爱好者的基础图书，特别适合作为广大科普爱好者的参考资料和青少年朋友的入门读物。本书由资深军事团队编写，力求内容的全面性、趣味性和观赏性。希望读者朋友能够通过阅读本书，循序渐进地提高自己的科学素养。

　　本书由《深度文化》编委会创作，参与本书编写的人员有阳晓瑜、陈利华、高丽秋、龚川、何海涛、贺强、胡姝婷、黄启华、黎安芝、黎琪、黎绍文、卢刚、罗于华等。由于作者知识有限，本书内容难免存在疏漏之处，欢迎广大读者提出批评和建议。

编者

目 录

Part 03　武器装备篇 ···························· **83**

Part 05　战例解析篇 ···················· **211**

Part 01
基础理论篇

单兵作战是相对于协同作战的一个军事术语。单兵是军队的基本组成单位，单兵作战能力的强弱，直接决定着整支军队的作战能力。而整支军队的优良传统和作风，也会在潜移默化中影响着每一位士兵。

>>>> 军衔制度的产生原因和作用是什么

　　军衔是军队中对不同职务的军人授予的等级称号，即区别军人等级的称号。军衔分为永久军衔和临时军衔两种类型，通常所称的军衔是指前者。

　　军衔制度产生于 15 世纪的欧洲。15 世纪以前的世界各国军队中，只有官衔，而没有军衔。军衔与官衔的根本区别是把士兵纳入了军队的等级体系，这是一种革命性的进步。

　　最初用军衔代替官衔的变革，发生在 15 ～ 16 世纪的意大利和法国等一些西欧国家。其原因是在这些国家中出现了资本主义萌芽，工商阶级为了发展贸易而与国王合作：工商阶级出资支持君主制，国王通过税收所得雇用国外的军人。雇佣军成了国家的主要军事力量。

　　雇佣军以步兵为主体，其成分大都是自由农民、市民、破产骑士、有产市民的子弟以及出身于其他阶层的普通人。雇佣军的组织以连为基本单位，几个连组成一个团。连的指挥官称为上尉，副手称为中尉；团由称为上校的军官指挥，助手称为军士长，后来改称少校。随着资本主义的发展，等价交换、平等权利等资本主义的社会原则反映到了军事领域，推动着军队改变其官职的选拔制度，以出身门第世袭军职的旧传统被打破，按劳绩战功获得军官职位的新制度被建立起来。但是被选拔上来的非贵族指挥官，由于没有可供标志个人身份的爵位，自己的荣誉、地位和待遇得不到社会的保障。于是，这些军官强烈要求设立一种与其军职相对应的阶位称号，来保障自己的社会地位。而这种要求也符合新兴资产阶级使用这些阶层的力量来共同反对封建领主的政治利益。因此，雇佣军的某些职务名称逐步转变成为个人的阶位称号，职务则用"连长""团长"来命名，从而形成了军队职务与军衔等级相对应的两大体系，出现了包括军官、士兵在内的军队衔级制度。

　　随着战争规模的扩大，指挥机构中总参谋部的出现，军、师、旅、团、营等建制的形成，与其规模相对应的元帅、将、校、尉等军衔等级应运而生。军衔制打破了按出身门第封官晋爵的世袭旧军制，而以战功评价待遇和地位，因此广泛吸引了自由农民、平民等各阶层的人士，成功地取代了原有的军制。

　　军衔代表军人级别，它将军人的荣誉称号、待遇水平和职务因素融为一体，兼有增强军人的责任心和荣誉感，促进军队正规化建设，加强军队诸军兵种之间指挥、管理和保障的协同及便于进行国际交往的作用。

🔔 **小知识:**

法国启蒙思想家伏尔泰指出,法国国王路易十四在同西班牙的战争中,由于建立了一套完善的军衔制度,使得法军所向披靡,"军人的衔级开始成为一种权利,大大优于家庭出身,受人重视的是劳绩战功,而不是祖宗门第","路易十四在边境出现,边境城市便纷纷落入法国手中"。

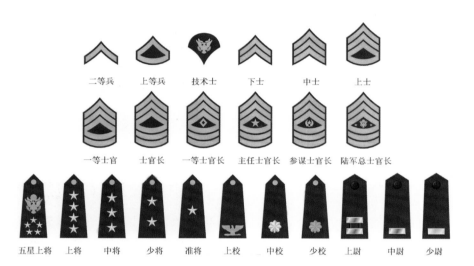

美国陆军的军衔标志

▶▶▶ 为什么战争中不能绕过城市而一定要进行攻坚作战

在古代的很多战争中,城市攻坚屡见不鲜,而且一打就是数月甚至数年,攻守双方都会为此付出巨大代价。有人会问,为什么遇到城市不绕过去,而一定要进行攻坚作战呢?

实际上,古代战争中也有很多绕城的实例,例如,燕王朱棣在靖难之役中就是遇到城市能绕就绕;清太宗皇太极率军面对山海关这样的坚城时也是绕开,从其他地方入关劫掠。但是,很多重要城市是无法绕开的,必须进行攻坚。这些重要城市往往都是建在关键位置,扼守交通要道,如果进攻方想绕开,基本就是把自己置于不利境地，稍不注意，就会遭受灭顶之灾。所以，进攻方哪怕明知进攻坚城很难，也不得不去打。只有打下来，才能让己方行动获得支撑，并且利用城市的一切资源补给自己。

到了现代，城市的交通、通信等基础设施更加发达，使关键城市对周边地域的控制能力越发增强。如果不拿下城市，军队想要对广大地域实行有效控制就无从谈起。例如二战时期德军之所以要进攻斯大林格勒，就是因为斯大林格勒是苏联南方重要经济区域的交通咽喉，只有拿下斯大林格勒，才能进入苏联粮食、煤炭以及石油的主产区。但是德军进攻斯大林格勒却导致大量精锐作战力量被歼灭，该战役成为德军在苏德战场上由盛转衰的转折点。

巴甫洛夫大楼（苏联卫国战争时期斯大林格勒保卫战中苏联方的一个重要据点）

另外，城市是一国有生力量的聚集地，和平时期很多城市都会布置各军兵种部队的要害机关和数量可观的兵力，而一旦进入战时状态，集结在城市的部队数量和装备也就更多。也就是说，一个国家的有生力量在战时主要就是集结在城市里。如果进攻方不攻击城市，那么在作战中就很难达到歼灭敌方重兵集团的目的。相反，防守方却可以从城市中不断派兵对城外的进攻方部队进行袭扰、伏击。而且，如果进攻方选择绕城而走，那么城市中的防守方可能会派出大量兵力进行追击，甚至与其他方向的防守方部队一起对运动中的进攻方部队实施围歼。

　　通常来讲，进攻作战都是离开己方有利位置，深入敌境，在天时、地利、人和等方面先天就没有优势，所依仗的主要还是军力优势。如果不去攻击敌方重兵防守的城市，那么必然会陷入攻击无路、补给受困的危险境地。

　　大军在野外驻守，四面都无任何依托，一旦被敌方合围，后果将是灾难性的。所以，进攻方必须进行城市攻坚，大量歼灭敌方有生力量，获得立足点，并利用城市的一切资源进行补给，之后才能不断扩大战果。

被战火摧毁的城市建筑

军事智能化对未来城市战有何影响

　　城市是人类文明的聚集地，其人口密集、政治敏感、经济发达，科技、教育、文化集中，在国家和地区发展中的地位和作用十分突出，必然成为各种军事对抗的重要目标和争夺焦点，这是一个趋势。特别是随着信息化战争的发展，作战前后方的界限日益模糊，城市外围的联合作战与城市里面的巷战逐渐融为一体。但各国军队研究关注的重点是城区内的战斗行动。美军认为"信息化条件下的战争，是夺占城市而不是攻打山头"。

城市是最复杂的战场，建筑密集、街道纵横、目标众多。军事目标、民用目标，地上目标、地下目标，固定目标、移动目标，设备设施等硬目标、重点人物和社会组织等软目标，在城市中都有。城市作战，环境对装备和技术的限制条件很多，简单的方法和手段难以解决街道、小巷、室内和地下作战面临的诸多问题，难以预防和控制游行、示威、骚乱、恐怖袭击等社会问题。依靠智能技术和军事智能化来解决城市作战中的复杂性问题，是一种比较好的解决途径和方案。

对于城市进攻部队而言，城市就像一个巨大而坚固的"黑箱"，里面环境复杂、结构多变、目标众多、军民难分，充满未知和不确定性，给作战行动的实施带来了巨大的不便和障碍。具体来说，有下述几个方面。

（1）**目标看不清**。军事打击目标隐蔽于各种建筑物、地下设施中，难以及时发现、准确定位；重要目标人物和群体，难以跟踪识别和快速区分。

（2）**手段受限制**。军事力量与密集人口混杂，军事装备与民用设施相互交织，各种传统武器装备很容易造成较大附带损伤，难以充分发挥效能。

（3）**部队展不开**。城区街道阻隔，战场容量有限，兵力兵器机动、射击受限，打击难度大，大兵团难以展开。

（4）**指控能力弱**。战场观察受限，通信易受高大建筑阻隔和各种电磁信号的干扰，上下级、相邻部队难以实现信息共享，指挥控制部队行动和组织实时协同难度大。

（5）**行动风险高**。作战部队置身于高楼大厦林立、地下设施密集的环境中，易受到来自四面八方的立体狙击、伏击和偷袭，还会遇到化装成平民的恐怖分子近距离袭击。

（6）**舆情控制难**。在通信设施完备、自媒体高度发达的城市，会有无数双眼睛紧盯战场，利用互联网随时随地直播战况。一旦发生误伤、误炸，极易引发舆论危机。

总之，城市因其特殊性，利守不利攻，利小不利大，利独不利联，利近不利远，利控不利毁。这些特点，既是城市建筑和社会环境给作战带来的影响，也是智能科技研究和军事智能化建设的需求所在、重点所在。

未来在信息化和智能化高度发达的城市空间作战，其作战方式和理念一定会区别于传统城市环境。必须针对城市特点和发展要求，在环境充分感知、目标精确定位、实施精准打击、增强指控能力、控制行动风险、减少附带损伤、预防舆论危机、适应社会变化等方面，提出新的作战理论、概念和方式，运用新的理念、思路、措施、方法提升作战能力。

美军在圣克莱门特岛修建的城市作战训练基地

美国陆军在城市战中使用的 M113 装甲运兵车

▶▶▶▶ 机械化步兵与传统步兵有何区别

步兵，指徒步行军作战的士兵。在冷兵器时代区别于车兵、骑兵等。传统步兵用两条腿走路，爬山、涉水皆可，行动受地形、气象影响小，便于机动。随着科技的发展，近现代的步兵也依靠马匹、自行车、卡车、火车、装甲运兵车、直升机、运输机、舰艇等手段机动至战场，机械化步兵由此而生。

1918年，装甲输送车首次出现在英国。随后，欧洲其他国家的军队也有了这种装备，先后组建了机械化步兵团、师和军。1932年，苏联军队将机械化步兵正式作为陆军中的一个新兵种。二战期间，许多国家组建了机械化步兵部队，装备履带、半履带、轮式装甲输送车。进攻中用于突破、扩大战果和追击，防御时用于固守阵地、反突击和反冲击，效果均优于徒步步兵。二战后，机械化步兵越来越多，装备不断改进。

冷战时期，核武器逐渐发展成熟，以美国和苏联为首的"北约"和"华约"两大军事集团着重加强了机械化步兵在核战争条件下防原子、防放射性污染、防化学武器的作战能力。美国、苏联、英国、法国、德国、日本、加拿大等国都研发了供步兵伴随坦克作战使用的步兵战车，并完善了步兵伴随坦克作战的理论和作战条令，机械化步兵逐渐成为军事强国的主要陆军战斗兵种。

乘装甲车作战的美国陆军机械化步兵

目前，机械化步兵的主要装备包括步兵战车、装甲输送车、机枪、突击步枪、冲锋枪、火箭筒及手榴弹等。在进攻作战中，机械化步兵主要负责保护己方坦克不受敌方反坦克武器的打击，为坦克开辟进攻通道，消除己方坦克侧翼和后方的威胁，巩固己方已占领的阵地。在防御作战中，机械化步兵主要负责加强防御前沿的反坦克打击力量和装甲防护力量，利用高机动性，杀伤敌方有生力量和技术兵器，干扰敌方，增援防线薄弱环节等。

机械化步兵也存在弱点，包括装备重型化，使后勤保障压力较大；山地和江河水网地区容易受地形限制；军事运输依赖高等级公路和铁路或者海运，战略机动力差。

随着 21 世纪国际形势的改变和军事技术与理论的发展，冷战时期的机械化步兵装备已明显不适合 21 世纪的低烈度战争和快速反应战争的需求，其发展受到了挑战。未来，机械化步兵将会提高步兵战车的装备比例，同时降低装甲输送车的装备比例。有的国家将研制和发展坦克与步兵战车合为一体的装甲战斗车辆，装甲兵和机械化步兵的兵种界限可能被缩小。

在沙漠中行驶的美国陆军 M2 "布拉德利"步兵战车

信息化战争与以往战争有何不同

进入 21 世纪，高科技的迅猛发展和广泛应用，推动了武器装备的发展和作战方式的演变，促进了军事理论的创新和编制体制的变革，由此引发了新的军事革命。信息化战争最终将取代机械化战争，成为未来战争的基本形态。

信息化战争是一种充分利用信息资源并依赖于军事信息的战争形态，是指在信息技术高度发展及信息时代核威慑条件下，交战双方以信息化军队为主要作战力量，在陆、海、空、天、电、网全维空间展开的多军兵种一体化的战争。

信息化战争与以往战争最大的不同，就在于信息的地位和作用发生了变化。信息作为一种新型资源，改变了物质和能量的作用方式，进而改变了作战制胜机理，无可争议地成为生成战斗力的新的主导资源。虽然信息化战争不会改变战争的本质，但是战争指导者必须考虑到战争的结局和后果，在战略指导上首先追求如何实现"不战而屈人之兵"的全胜战略，那种以大规模物理性破坏为代价的传统战争方式必将受到极大的约束和限制。

未来的信息化战争将依托网络化信息系统，大量运用具有信息技术、新材料技术、新能源技术、生物技术、航天技术、海洋技术等当代高新技术水平的武器装备，并采取相应的作战方法。信息化战争中的信息是指一切直接或间接地被特定系统所接收和理解的与敌我双方军队、武器和作战有关的事实、过程、状态和方式。

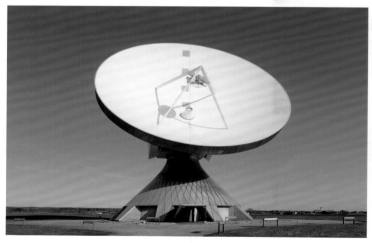

位于德国巴伐利亚赖斯廷的世界上最大的卫星地面站

　　就对信息（数量和质量）的依赖程度而言，过去的任何战争都不及信息化战争。在传统战争中，交战双方更注重在物质力量基础上的综合较量。如机械化战争，主要表现为钢铁的较量，是整个国家机器大工业生产能力的全面竞赛。信息化战争并不排斥物质力量的较量，但更主要的是知识的较量，是创新能力和创新速度的竞赛。知识将成为战争毁灭力的主要来源，"计算机中一盎司硅产生的效应也许比一吨铀还大"。

　　火力、机动、信息，是构成现代军队作战能力的重要因素，而信息能力已成为衡量军队作战能力高低的首要标志。信息能力，表现在信息获取、处理、传输、利用和对抗等方面，通过信息优势的争夺和控制加以体现。信息优势，其实质就是在了解敌方的同时阻止敌方了解己方的武器装备、作战部署、军事编制等信息，是一种动态对抗过程。它已成为争夺制空权、制海权、陆地控制权的前提，直接影响整个战争的进程和结局。当然，人永远是信息化战争的主宰者。战争的筹划和组织指挥已从完全以人为主发展到日益依赖技术手段的人机结合，对军人素质的要求也更高。从信息优势的争夺到最终转化为决策优势，更多的是知识和智慧的竞争。

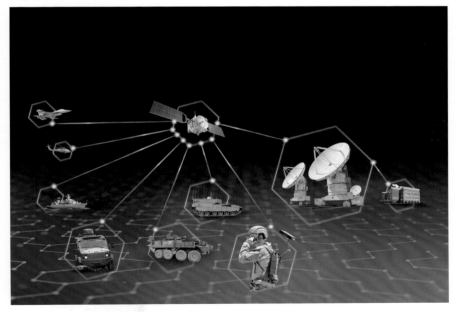

军用通信卫星的应用范围

战斗队形在信息化时代是否重要

战斗队形是指兵力兵器展开所形成的队形。它不仅明确了战斗人员和武器装备的战斗位置，而且还反映了指挥官的战术思想，更为重要的是它实现了作战能力的跃升。战争实践表明，战斗队形在作战中有着不可替代的作用，也将在现代战争中凸显合力制胜的作用。

战斗队形的产生可以追溯到原始社会。当时的人类经过长期的狩猎实践，逐步摸索出了分工协作与队形编排的方式。起初采取一线相间配置的狩猎队形，即投石块的人与持木棍的人左右相间，并列配置。后来，又发展到前后两线配置的狩猎队形。原始人还根据猎取动物的不同，采取不同的队形，使得狩猎的效率大大提高。

随着武器装备的发展，战斗队形也在发生变化。冷兵器时代，交战双方使用的兵器打击距离都十分有限，战斗队形的编排以兵器的打击距离为依据，遵循"由远及近、互补协调"的原则排布军队，形成了不同的"阵"。阵的出现，使得战术真正走上了历史舞台，将领更注重运用智慧去战胜敌人。人数少的军队通过严格的战斗队形和灵活的队形变换，可以击败人数众多但战斗队形杂乱的军队。热兵器时代，火器杀伤力明显增强，为了减少人员伤亡，战斗队形越来越分散。起初使用火绳枪，由于要靠燃烧的火绳来点燃火药，而且射击操作程序复杂，所以射击速度较慢。为了对敌人形成连续射击效果，在战斗队形编排上需要采取纵深横队队形排列。第一排射击完毕后退至第二排后装弹，第二排前出进行射击，依次轮流。燧发枪的出现，使弹药的发射速度大大提高，线式队形取代了纵深横队队形。随着底火击发枪取代燧发枪、后装线膛枪取代滑膛枪，火器的射速、射程和命中精度都大大提高，战斗队形由线式队形变成了散兵队形。机械化时代，单个武器平台的作战效能大幅提升，散兵队形更加多样，变化也更加灵活。二战中德军创新了"闪电战"理论，注重发挥装甲兵火力猛、机动性强、防护性好的特点，形成了装甲战斗队形，主要有梯次队形、线式队形、三角队形、楔形队形和棱形队形等。

信息化时代，多种力量联合作战成为主要作战形态。各军兵种参战力量依托信息网络可以精确定位，按照联合指挥官的指令，有规则地精确行动，而不是杂乱无章地行动。随着无人化、智能化装备的运用，战斗队形将由集中向分散、由平面向立体、由单一军兵种向多军兵种混合方向发展，各军兵种参战力量在更大的作战空间中按照统一的规则协调一致行动。因此，战斗队形在信息化时代的作用并没有降低，相反还有所加强。

描绘线列步兵作战场景的绘画作品

采用分散队形作战的美国陆军步兵班

为什么很多国家要组建专门的山地部队

在所有陆地战斗形式中，世界各国公认的最为恶劣、困难最多的作战环境就是山地，尤其是高原山地。因为在山地环境下，很多现代化武器装备都难以运用，多数时候只能依靠装备轻武器的步兵与敌方战斗。装备是战斗力的关键要素，尤其是重装备，少了这一环，仗自然更难打。为此，许多国家都组建了专门的山地部队来应对这一独特的战场。

早在一战时期，就有十多个国家编有山地部队。其中，德国山地部队颇具代表性。1915 年，意大利临阵倒戈，向奥匈帝国宣战，德国为了应对阿尔卑斯山脉的作战需求，正式组建了山地部队，并开始把雪绒花作为山地部队特有的标志。德国山地部队在成立之初就在意大利和巴尔干的战役中取得了骄人的战绩。一战之后，由于德国山地部队的良好表现，虽然德国的陆军被限制在 10 万人，但德国还是在其军队中保留了一支山地部队，这也是二战德国山地部队的核心。二战前期，德国陆军先后组建了第一、第二、第三、第四、第五、第六、第七山地师。到 1942 年底，上述七个山地师全部在东线与苏军作战。到了战争后期，德国的山地部队又一次得到了扩充，陆续组建了第八、第九山地师。此外，还在奥地利萨尔茨堡组建了第 756 山地步兵团，该团在 1943 年 1 月抵达北非的突尼斯，成为德国在北非战场上唯一的一支山地部队。

从二战时期德国山地部队的组建过程可以看出，德国山地部队的官兵大部分都是来自奥地利蒂罗尔和萨尔茨堡的山民，很多人都是阿尔卑斯山的猎手和守林人，从小就在狩猎活动中练就了出众的枪法。二战时期德军的多名王牌狙击手都是山地部队中的奥地利人。这也是山地兵与伞兵、装甲兵一样被视为二战德军精锐兵种的重要原因之一。

时至今日，仍有不少国家编有山地部队。现代山地部队一般由步兵、炮兵、工程兵等兵种构成，通常配备步兵武器、轻型炮兵武器、山地工程作业设备和适于在山地行进与驮载的运输工具等，部分国家配备有直升机。山地部队士兵会配发山地装备（如登山鞋等），并进行专门训练。

山地部队适宜在高原高寒山地、热带山岳丛林和濒海山地等特殊地理环境中作战，具有较强的山地兵力机动和火力突击能力。外国山地部队编制大体分为两类：一类是以徒步兵为主，配备有机械化运输工具的山地部队，如印度的山地部队；另一类是机械化山地部队，如美国、德国的山地部队等。

美国陆军第 10 山地师徽章

英国海军陆战队正在进行山地训练

为什么海军陆战队的单兵作战能力很强

海军陆战队，也被称为海兵队，还有一些国家称为海军步兵。海军陆战队是负责地面作战、两栖作战、舰上作战的军队，早期都是步兵部队，进入现代则有装甲配备甚至飞行装备。大部分国家的海军陆战队隶属于海军，但美国是将海军陆战队独立为单一军种，而法国海军陆战队则由陆军统辖。

在桨帆战舰时代，海军陆战队与水手之间没有明显区分。不过在西方文明发展早期，古希腊与古罗马的战船上已经开始部署重装步兵，如罗马海军有第一辅助军团与第二辅助军团，他们就是专业的海军步兵，可以更有效地消灭敌军舰艇的水手，并占领敌人的船舶。这个时候的海军陆战队，作战任务是以船舰间的肉搏战为主。

到了风帆战舰时代，真正意义上的海军陆战队开始出现。16世纪，一些国家为了向海外扩张，建立了经过专门训练的登陆作战部队。1537年建立的西班牙海军陆战队是世界上最古老的海军陆战队，之后是1610年成立的葡萄牙海军陆战队、1622年成立的法国海军陆战队和1664年成立的英国皇家海军陆战队。1705年，沙皇俄国组建了海军步兵。1775年，处于独立战争中的美国也成立了海军陆战队。

在成立之初，各国海军陆战队都没有专门的制服，士兵基本没有标准制服，军官则穿着与陆军同款式的制服。除了数千年来持续已久的船舰接舷战外，海军陆战队也开始负责舰船的安保工作，保护舰上的军官和防止水手叛变，并负责日常登船搜寻或逮捕等警备工作。

19世纪以后，远程舰载火器技术逐渐成熟，接舷战发生的概率大减，除了传统的港口防卫任务外，各国海军陆战队也开始转型。美国海军陆战队因查缉海盗的需求仍保留较多的旧时代风格，法国海军陆战队大量改组为殖民地警备队，英国海军陆战队则一度以海军宪兵的任务为主要任务。直到小型机械动力船舶出现后，两栖登陆战术出现许多变化并不断革新，海军陆战队重新朝专业化方向改组，过去以海战任务为导向的小规模散兵部队，调整为在敌人控制的海岸区域发动登陆战役的集体化中大型军队。

二战中，海军陆战队迅速发展，各国的海军陆战队在登陆作战中发挥了重要作用。海军陆战队的主要任务转为由海上发起进攻，在敌人控制下的海岸区域进行两栖登陆作战以建立滩头阵地，让后续的友军（特别是陆军）可以上陆作战。此外，还可在海军的配合下，联合夺取岛屿。从此，海军陆战队成为立体作战模式下重要的兵种。在战争中，作为轴心国主力的德国并没有专业的海军陆战队，但是在卡尔·邓尼茨的推动下，成立了以特种作战为主的德国蛙人突击队。

　　二战以后，各国海军陆战队纷纷成为局部战争中的重要力量，如美国海军陆战队在越南战争、英国海军陆战队在马岛战争中等都是重要力量。到了 20 世纪 90 年代初，世界上已有 50 多个国家和地区的军队编有海军陆战队。1997 年，德国设立了整合特种作战、水下械弹处理、海上救援、海上商船护卫等海上任务的海军特种作战部队，这类部队也具有一定的海军陆战队职能。

　　时至今日，海军陆战队已逐渐向专业两栖作战部队演变，肩负捍卫海权的任务。有别于陆军作战时能以陆路、铁路、空运等方式输送兵员至战场，海军陆战队多依赖运兵船抢滩登陆或海军航空器运送，这些装备能载运的兵员数量有限，因此海军陆战队往往只能依靠有限的兵员完成任务，建军目标也以"量少质精"为方针。

　　海军陆战队的编制通常由陆战步兵、炮兵、装甲兵、工程兵、侦察兵和通信兵等部队、分队组成，有的还编制有航空兵，一般按师（旅）、团、营的序列编制。

美国海军陆战队徽章

俄罗斯海军步兵徽章

法国海军陆战队徽章

英国海军陆战队徽章　　　　荷兰海军陆战队徽章

荷兰海军陆战队装备的越野车

法国海军陆战队装备的 AMX-10 RC 装甲车正在开火

美国海军陆战队为何组建濒海作战团

　　2020 年，美国海军陆战队发布《部队设计 2030》报告称，随着美国军事战略从参与反恐战争转向大国竞争，海军陆战队将对编制组成和任务装备进行调整，正在组建新的作战单位——濒海作战团。

　　美国海军陆战队高层表示，濒海作战团是一个全新的作战单位，基本编制1800 ～ 2000 人，少于陆战团 3400 人的编制，不过其人员配置合理，下辖 1 个濒海作战队、2 个濒海防空营和 2 个濒海后勤营。

　　濒海作战队配备远程反舰导弹，作战时可出动多支排级作战分队抵达前沿据点，执行远程反舰、侦察与监视关键海上通道等任务；濒海防空营为濒海作战队承担防空任务，兼顾空中侦察与预警、空中控制与联络等职能；濒海后勤营负责为濒海作战团提供后勤保障。濒海作战团在常规人员基础上招募了信号与人力情报、后勤保障、民事事务、网络作战等领域的人员，可保证其在脱离后方指挥的情况下独立执行任务。

截至 2021 年 11 月，首支濒海作战团已完成试验性组建，人员基本来自驻夏威夷的海军陆战队。濒海作战团将获得最新的技术装备，包括联合轻型战术车辆、海上远程打击武器、体积小而航程远的登陆艇等，但这些装备尚处于研发阶段，该团只能在现有装备基础上对新装备的作战效果进行兵棋推演。

二战时期经典的跳岛战术将成为濒海作战团未来使用的主要战术。该团可派出 50 ～ 100 人的作战小队，驾驶登陆艇赶往散布在大洋上的小岛，向敌舰发射反舰导弹，或引导后方空军、海军的远程火力对敌方目标进行打击，进而控制小岛及附近海域。随后，作战小队将以被控制的小岛为"跳板"，借助新一代水陆两栖舰艇在 48 小时或 72 小时内向下一个关键岛屿跃进。据称，有别于二战时期的大规模登岛作战，新的"跳岛战术"将由"分散、小规模且机动灵活的濒海作战团"利用先进技术装备实施，作战节奏快速高频，能够大幅增加敌方失误概率，令其陷入被动局面。

尽管濒海作战团组建计划得到美国海军陆战队高层和一些防务专家的支持，但无法掩盖来自美国国内的批评之声。有美军专家认为，有关濒海作战团作战模式的设想并不完善，未曾考虑如何在复杂的实战环境下实现快速机动、快速占领、快速攻击和快速转移。此外，也没有考虑后勤方面的挑战和对手的实力。

美国海军陆战队士兵乘坐两栖装甲车

美国海军陆战队士兵跳伞

>>>> 各国为何要组建快速反应部队

快速反应部队，也称应急机动作战部队，是指具有快速机动能力，能够紧急出动执行作战任务的部队，主要用来应付局部战争和地区性武装冲突以及其他军事突发事件。目前，美国、俄罗斯、英国、法国等国家都建立了快速反应部队，但部队名称不一。例如美国快速反应部队称作"快速部署部队"，俄罗斯快速反应部队定名为"机动部队"，法国快速反应部队称作"快速行动部队"。虽然各国的叫法不同，但在领导指挥、部队编制、后勤装备保障及训练等方面，存在一些共同点。

快速反应部队的核心特点就是一个"快"字，即"快速部署、快速支援、快速突击"。正如《孙子兵法·军争篇》中写道"故其疾如风，其徐如林，侵掠如火，不动如山"，无论是训练还是执行任务，快速反应部队都具有势不可当的气势。

各国组建快速反应部队的原因，主要有以下两点。

从战争角度看，二战以后，东西方两大阵营形成了冷战对峙态势。由于诸多因素的制约，世界大战一直未能爆发，出现了长期相对稳定的和平局面。然而，天下并不太平，从1945年至今，世界各地先后爆发了近200场局部战争。这些战争的一个显著特点就是都带有突发性。有些局部战争战前虽有征候，但开战的时机难以预测。有些局部战争则无明显征兆。例如伊拉克入侵科威特时，直到伊军兵临城下，科威特当局还未做出有效的反应，就连侦察技术比较先进的美国，对伊拉克入侵科威特的行动征兆都未能准确掌握。在二战后爆发的诸多局部战争中，有相当一部分是在战争爆发后，美军才能做出反应，有时只好临时紧急调遣部队。美军逐渐认识到组建快速反应部队是应付突发事件的重要措施。

从国防发展战略看，组建快速反应部队是和平时期减少军队员额、节约兵力的有效手段。例如美国作为军事大国，在全球建立了多处军事基地，大批部队驻扎在海外，美国海军舰队更是四处巡弋，致使美国军费开支过大，约占世界军费总支出的1/3。《美军快速部署部队》一书指出，尽管美军在全球负有作战任务，但由于经济、政治和地理等因素，美军不可能在世界各地都部署部队。由于快速反应部队具有高度的机动性和较强的突击能力，可随时快速赶赴出事地区，应付突发事件，因此美军高层认为，"只有具备快速部署能力，美国的集体防御战略才能成功"。美国在历年的国防报告中多次谈到，快速反应部队是遏制敌对国家发动战争的重要因素。出于以上原因，美军不断加速组建和发展快速反应部队。对于经济和军事实力不如美国的国家来说，组建快速反应部队更是节约军费的良策。

训练中的美国快速反应部队

正在集结的美国快速反应部队

>>> 快速反应部队的主要任务是什么

　　快速反应部队是军队中的尖刀，能起到其他大部队起不到的作用。快速反应部队的主要任务有以下几项。

　　（1）**快速部署**。快速反应部队平时处于较高的战略等级。例如美军戒备制度共分五级，其中一级戒备为最高戒备状态，部队接到命令后能立即出动，如地面部队待命出动的时间为 0 ～ 2 小时，舰艇、飞机为 0 ～ 0.5 小时；二级戒备要求指挥员进入指挥所，舰艇离港出航，地面部队能在 2 ～ 12 小时内出动；三级戒备要求人员停止休假，1/3 以上的部队值班，加强海空警戒，地面部队能在 12 ～ 24 小时内出动；四级戒备要求加强情报保密措施，部分部队担任战备值班；五级戒备为正常状态。美军第 82 空降师等快速反应部队平常始终保持着一个旅处于三级戒备状态。美军快速反应部队在 48 小时内能将旅级规模的兵力投送至世界多数危机地区；4 日内能将师级规模兵力机动至目标地区。

（2）**快速支援**。例如美军在世界各地建有诸多军事基地，各基地的兵力均很有限，如果发生突发事件，这些兵力只是杯水车薪，无法有效应付。美军快速反应部队的一个重要职责就是紧急支援突发事件地区的美军，以其先进的空运交通工具迅速赶至危机地区，实施紧急支援作战。

（3）**快速突击**。快速反应部队可采用空降、机降等手段，对危害本国利益的突发事件迅速进行干预，或迅速对敌人展开反击，控制事态发展，掌握战场主动权。以美军快速反应部队的骨干第82空降师为例，该师是美国的精锐空降部队，早在二战期间就曾在法国圣母教堂空降，完成了在诺曼底登陆的作战任务。战后，该师是美国介入世界各热点地区的"尖刀"部队，曾参加过美国入侵格林纳达和巴拿马等战争，并在这些战争中都起到了快速突击的特殊作用。

美国陆军第82空降师士兵正在检查空投的装甲车

跳伞的美国陆军第 82 空降师士兵

▶▶▶▶ 数字化部队的主要特点是什么

　　数字化部队实现了指挥、情报、侦察、预警、通信、电子对抗的一体化和主战
武器的智能化，具有机动灵活、指挥高效等特点，是适应未来信息化战争要求的新
型作战部队。数字化部队与一般部队的根本区别在于将兵力和兵器通过通信技术数
字化、武器装备智能化、作战系统网络化等方式连接为一个整体，从而实现实时指
挥和侦察打击一体化，大大提高了部队的战斗力。

数字化部队的内涵是以先进的数字化装备，将战场与作战保障及战斗勤务融合为一个整体，将战略构想、军备军训条令与每个士兵融合为一个整体，将战斗部队、预备役部队与社会民众融合为一个整体。实现部队数字化，一方面是指从单兵到整体的武器装备实现数字化，另一方面是指战场信息实现数字化，实现信息资源共享。部队数字化要使部队既能凝聚成一个高度的整体，发挥整体威力；又能发散为无数个集合单元，发挥单兵作战能力。

数字化部队与传统部队最大的不同，就在于它是以数字技术为支撑的新型军队，以数字通信技术联网，集战场信息获取、传输及处理功能为一体的部队，真正实现了军队作战的网络化。部队的各作战单元，既是信息的共享者，也是信息的采集者、制造者。部队可以很方便地实现战场纵向、横向和任意点对点的信息传输。

与传统的军队相比，数字化部队能从"指挥与控制系统组成的一体化互联网络"中，及时地掌握战场上所发生的一切。各级指挥官能直接通过"互联网络"调用各自所需的信息，掌握敌我双方情况，及时下达作战指令，也能发送自己掌握的战场情况，传递情报。各战斗成员也能通过特定的"战术互联网"相互了解、相互联系，遵循上级的意图，充分发挥主观能动性。这样就能提高反应速度，争取作战行动的时间，始终对敌方保持进攻态势。各种火力单元对目标的定位、锁定、攻击都能根据战场信息反馈自动完成。

与普通士兵相比，数字化士兵装备了先进的单兵计算机和数字化通信设备，极大地加强了各军兵种间的战斗协同能力。由于装备了热成像仪、激光瞄准器、远距离听力装置、GPS接收机等先进装置，数字化士兵在作战、通信、定位、敌我识别等方面都得到了较大的改善，极大地提高了单兵综合作战的能力。此外，数字化士兵的防护能力也得到了显著增强。

目前，在数字化部队建设方面，美国陆军的成果较为突出。高速发展的计算机技术、网络技术、仿真技术和人工智能技术推动着美国陆军数字化部队的改革和发展，美国陆军依托这些先进的技术，在数字化部队训练中不断探索新的训练方式。20世纪70年代，美国陆军开始将模拟训练器材应用于部队训练的各个方面。自80年代以来，美国陆军更加重视适用于实战要求的作战模拟系统的研制与开发，这是数字化部队建设和训练的一项重要内容。美国陆军认为，使用模拟系统进行训练具有训练所需空间小、不破坏环境、动用部队少、花费经费少等诸多优点。迄今为止，美国陆军已能够模拟数十种武器装备的操作使用和相应的战术演练。

训练中的美国陆军数字化士兵

法国陆军士兵正在操作数字化设备

现代军队常用的假想敌训练有何优点

在和平时代，用模拟的对手——假想敌来训练部队，以提高单兵战斗能力，是各国军队正在积极探索并在训练领域逐渐推广的一条经验。在这方面，美国、俄罗斯及一些西欧军事强国无论是在思想观念上还是在训练实践中都已走在世界前列。

20 世纪 70 年代，美国在军事领域进行了大刀阔斧的改革，其中一项措施就是从那些接近实战环境的训练基地中培养一个逼真的对手来磨砺自己。实战环境与和平环境差别极大，为使部队具有适应实战需要的作战技能与心理素质，就要在近似实战的环境中进行逼真的训练，尽可能提高训练的实战化程度。正是这种思想催生出遍布美国本土的各种类型、不同规模的多功能训练中心或训练基地，同时也催生出专职假想敌部队"第 32 近卫摩步团"。

"第 32 近卫摩步团"由美国陆军第 31 机械化步兵团的第 6 营和第 73 装甲团的第 1 营组成，这支部队完全按照苏军的作战方法进行训练，身穿苏军军服，使用苏式武器装备，按苏军的战法实施"战斗"。后来，这支假想敌部队表现得非常出色，在训练基地的对抗训练中常常将受训者逼入绝境。这种对抗训练大大提高了演习人员的参演积极性，而且可以使美军士兵和部队懂得敌人在战场上怎样行动，从而在作战中明确如何避开敌人的长处，利用敌人的弱点打击对方。这种训练为美国陆军部队提供了在实战条件下进行训练的机会。

除了"第32近卫摩步团"，美国陆军公开的假想敌作战单位还有"第11装甲骑兵团"和"第509步兵团"等。"第11装甲骑兵团"的总部位于加利福尼亚州欧文堡国家训练中心，虽然名为"装甲骑兵团"，但现在已经被组建为一个多兵种的作战团队。

经过一段时间的对抗训练后，美国陆军在设置的假想敌部队进行的模拟训练中摸索并总结出许多有价值的经验。在演习中，全编制地运用假想敌需要耗费大量的训练资源，因此，假想敌在演习中可缩小编制以减少费用。假想敌的人员、装备可临时从其他部队抽调组建，其数量和规模取决于部队提供支援人员的能力，通常假想敌1个士兵代表3个敌兵，1辆坦克代表1个坦克排，但具体比例要依据假想敌演练课题内容、作战环境、训练时间、装备和人员来确定。美国陆军通过逼真视觉模拟、音响效果模拟，逼真地显示出战场情境，然后通过这些进行训练，检测各种武器的使用效果，并分析数据，进行综合作战效能评估。

美国陆军假想敌训练的课题非常全面。美国陆军野战训练条令中就明确规定：假想敌部队应掌握有效的情报收集程序、电子战技术、作战保密措施、欺骗措施、非常规战技术等多种技能。例如，"第32近卫摩步团"每次对抗演练的基本课题就有6个，演练时间在9个昼夜以上，有时持续1个月。此外，美国陆军假想敌训练的形式比较灵活，训练要求很高，假想敌部队甚至会完全照搬别国军队的作息时间和饮食习惯。

与美国相比，其他国家的假想敌训练在形式和内容上基本大同小异，但因经验、科技、军费等方面的差异，训练水平也有高有低。

美国陆军"第11装甲骑兵团"标志

训练中的美国陆军"第 11 装甲骑兵团"士兵

联合国维和行动有何重要意义

"维护国际和平及安全"是《联合国宪章》中阐明的联合国主要使命之一。在履行这一使命的过程中，维和行动是经常被采用的一种方式。维和行动是指由联合国组织指挥，由多国力量参与、以非武力行动方式，旨在维护世界紧张地区和平与稳定的行动。维和行动大致可分为两类，即部署观察团和派驻维和部队，均是建立在自愿和非强制性基础上的行动。实施维和行动需要得到冲突各方的同意与配合，对地区性冲突起隔离和缓冲的作用，是一种控制争端并使之逐步降级的十分有效的手段。

1948 年，联合国停战监督组织成立，负责监督第一次中东战争后阿拉伯国家和以色列双方执行停战协定的情况，这标志着联合国维和行动正式走上历史舞台。时至今日，联合国已组织执行了超过 70 次维和行动。联合国维和人员往往在十分危险和艰苦的环境与条件下执行维和任务，为维护国际和平与安全作出了巨大的贡献。数十年来，已有 4000 余名联合国维和人员在执行任务时牺牲。1988 年，为表彰"维和人员为促进和平与安全做出的宝贵贡献"，联合国维和部队被授予诺贝尔和平奖。

目前，联合国维和机制作为国际多边安全合作机制的重要组成部分，在国际和平事业中发挥着非常重要的作用。一个国家的军队积极参与联合国维和行动，既是履行国际义务、加强国际合作、维护世界和平的客观要求，也是借鉴外军有益经验、缩小与先进国家军事差距、实现国防和军队现代化的重要途径。

由于维和行动的特殊性，联合国维和部队在挑选士兵时也有一定的要求。凡是参加联合国维和行动的人员，都要被送到设于北欧的训练中心接受训练，以熟悉维和部队的职能、宗旨、任务并进行特种军事训练。维和士兵经常需要执行分离交战各方、解除各派武装、提供食品和医药救济、驱散好斗人群、与地方军阀谈判等任务，除了要具备基本的作战技能外，还要有一定的谈判技能，要了解大众心理，要有处理法律难题的能力，并能够得体地关爱受伤百姓。

联合国维和部队标志

联合国维和部队士兵通常佩戴天蓝色钢盔或天蓝色贝雷帽，上面印有联合国英文缩写"UN"，臂章缀有"地球与橄榄枝"图案。联合国维和部队执行任务时必须公开自己的身份，同时必须行进在引人注目的公路、广场、热闹地段等公开场合。维和部队士兵必须具有良好的克制力，在执行任务期间不得随意开枪，以免局势升级。除非成为敌人的明确目标，或者遭到敌人的射击，维和部队士兵才能展开反击。

联合国维和部队使用的装甲车和直升机

Part 02
作战人员篇

在现代军队中，陆军的侦察兵、海军的陆战队、空军的空降兵，还有各军种统辖的特种兵，这些都是单兵作战能力很强的兵种，他们拥有出众的身心素质和精湛的战斗技能，具备以少胜多的能力。

>>> 世界各国有哪些兵役制度

军队要维持正常运转，就必须持续补充兵员，所以各国都制定了相应的兵役制度。这是国家关于公民参加军队和其他武装组织、承担军事任务或在军队外接受军事训练的一项重要的军事制度。它随着国家的出现而产生，又随着国家的经济制度、政治制度和军事需要而变化。兵役制度的种类很多，就其性质而言，主要可分为征兵制和募兵制两类。

征兵制，也称为义务役、常备役、充员兵役等，意指全体国民，如符合一定条件（通常是年满法定年龄且身体健康、无残疾的男性），均须强制性加入军队服役一段时期（通常为半年至3年，视国家及军种而定）。由于义务役成员是强制性、非自愿及非终生性，因此实施征兵制的国家通常会同时实施募兵制，容许自愿选择以军人为长期职业的人士，在义务役期完毕后，继续在军队服役。

募兵制，也称为志愿役，是指符合条件的国民志愿投入军队，以军人作为职业。志愿役可分为义勇兵制、募兵制、雇佣兵制。义勇兵制的特点是服役者基于爱国意识或受宗教力量、兴趣所驱使，没有法律强迫加入军队，担负保卫国家的责任，在精神战力上较其他类型的服役者高，有不惧牺牲、力争胜利的作战精神。募兵制的特点是募集志愿服役者，以国内人士为募集对象，以法律法规形式规定兵员的固定收入，即所谓职业兵制度。雇佣兵制特点为雇用志愿服役者，兵员并不仅限于其国内，而以契约规定服役年限，并给予一定薪水、福利。

目前，世界上仍然实施征兵制的国家，在欧洲有瑞士、奥地利、芬兰、俄罗斯、白俄罗斯、乌克兰、爱沙尼亚、希腊、摩尔多瓦等，在亚洲有土耳其、格鲁吉亚、亚美尼亚、阿塞拜疆、伊朗、哈萨克斯坦、乌兹别克斯坦、吉尔吉斯斯坦、塔吉克斯坦、以色列、蒙古国、朝鲜、韩国、越南、老挝、泰国、新加坡等，在非洲有阿尔及利亚，在南美洲有巴西等。其中，以色列是对妇女普遍实行征兵制的国家，其《兵役法》规定：所有公民，除健康、宗教和生育等原因外，不分男女，年满18周岁必须服兵役，男性服役时间为3年，女性服役时间为2年。

除了上述国家外，世界其他主要国家大多已实行募兵制，如加拿大（1918年起实施）、英国（1960年起实施）、比利时（1994年起实施）、荷兰（1997年起实施）、法国（2001年起实施）、西班牙（2001年起实施）、意大利（2005年起实施）、捷克（2005年起实施）、瑞典（2010年起实施）、德国（2011年起实施）等。丹麦与挪威比较特别，法律上虽然规定可以征兵，但是又严格限制政府征兵权限，导致"事实上废除义务役"。美国虽然原则上仍保留征兵制（在二战前由国会通过征兵法案），但自 20 世纪 70 年代越南战争结束后，就再也没有实施过。由于征兵制不符合现代战争需要专业军事人才的要求，由征兵制改为募兵制的国家正在逐渐增加，冰岛、巴拿马和哥斯达黎加甚至只设置警察，不设置军队。

英国陆军新兵宣誓

训练中的美国海军陆战队新兵

此外，还有的国家采用志愿役与义务役并用制，也就是自由加入部队和依法加入部队相结合的制度。实施该种制度的国家，士兵为义务役，士官为志愿役。因现代国防科技发展迅速，促使战术、战法日益更新，单一制度已难以满足需求，因此采取志愿役与义务役并用制度，以保证战时有充足的义务役后备军人，以及志愿役的专业士官、士官士兵，两者相辅相成。

>>> 各国军队女兵数量激增的原因是什么

女性参军自古有之。二战时期，女性参军的目的主要是弥补战时兵源不足，但和平时期鲜有女性入伍，许多国家甚至明文规定禁止女性参军。二战后，这种情况开始发生变化。特别是近20年来，女性进入军队呈现出明显加速的势头。

从数量上来看，美国是女兵数量较多的国家之一，自一战以来，美国女兵的地位不断提高，数量也逐年增加。在以色列，女兵是国防体系中不可或缺的一员，已有不少女兵走上步兵岗位。而日本不仅有大量女自卫队队员，女性自卫队官员的数量也十分可观，达到了万名以上。在俄罗斯军队中，对女性开放的职位相对较多，并且还在不断增加。俄罗斯女兵很早就有到前线作战的传统，在苏联时期，很多女兵和男兵一样为国作战，表现十分出色。

当然，也有像德国这样比较排斥女兵的国家。长期以来，德国政府不允许女性出现在军队中，直至2000年才推翻这项法律。同样，英国的女兵数量也比较少，只占军队总兵员的8%左右，不过这一数量也在慢慢增加。

女性参军的潮流给世界各国军队带来了前所未有的变革与挑战，其作用与影响也是多方面的。

首先，女兵拥有男兵不具备的一些优势。过去，体能是决定战争胜负的关键因素，战争被认为是男人的领地，但现代信息化技术的迅猛发展，促使战争形态发生改变，对军人的体力要求下降，知识要求上升，受过良好教育的女性便可以进入军队，甚至出现在作战一线。女兵在现代战争条件下已经表现出男兵无法比拟的优势：女兵的形象思维能力强，善于记忆和表达，观察事物敏锐，感觉细腻，能更好地操作信息化武器系统；女兵较男兵更有亲和力，更易于沟通，有以柔克刚的天然优势，并且更容易影响和带动他人，能够增强凝聚力和激发团队协作的意识；女兵对特定的工作更加具有耐心，也更加细心。在一些需要耐心、专心、细心和爱心的工作中，女兵的表现往往比男兵更胜一筹。

　　其次，女兵的存在对军队工作效率有明显促进。女兵在军队中对工作效率的作用有：对男兵的心理和情绪有调节作用，可以保证男兵的心理健康，防止极端行为的发生；凡有女兵存在的军营，男兵的文明程度普遍较高，举止行为规范，仪容仪表也更为整洁；在管理得当的情况下，女兵的存在对整体工作效率有明显的促进作用。因为研究发现，有异性的存在会创造出有意识的竞争精神，工作伙伴是异性，更能调动工作的积极性和热情。

　　此外，女兵在执行特殊任务中可发挥独有作用。如今，在战场上进行真枪实弹的厮杀并不是军队执行任务的唯一形式。冷战之后，各国军队所面临的作战任务更加多元化，非战争军事行动任务也给各国军队提出了新的发展方向和要求。例如在执行联合国维和任务时，女兵的友善与亲和力可在很大程度上降低当地民众的敌对情绪和反抗思维，往往更容易与任务区民众交流沟通，使其愿意配合军队执行任务。

　　值得注意的是，虽然女性走进军营发挥了男性无法比拟的独有作用，但也不可避免地带来了一些问题。如女兵对作战行动的影响、女兵对装备设计的要求、男女士兵合训等问题，目前仍是各国军队深入研究的课题。

墨西哥海军陆战队女兵

以色列女兵

>>> 现代军队对兵员素质有何要求

军人是一个非常特殊的职业，总是与牺牲、奉献联系在一起。无论是在炮火纷飞的战场，还是在危机四伏的灾区，军人都面临着生死攸关的考验。为了在战争或救灾行动中取得胜利，每名军人都必须拥有强壮的身体和出色的心理素质，以及灵活应对复杂战场情况的能力。而在信息化战争模式下，军人还必须拥有较高的文化素质。随着战争方式的不断升级和竞争的不断加剧，世界各国对军人的要求只会越来越高，需要军人具备更加全面的作战素养。因此，无论是实施募兵制还是征兵制的国家，在征募士兵时都有一定的兵员素质要求，尽管具体要求存在差异，但大致可分为下述五个方面。

（1）身体素质

良好的身体素质是士兵进行军事活动的物质基础，只有具备强健的体魄，才能适应各种艰苦复杂的作战环境，才能在必要的时候超负荷工作。随着军事科技的不断发展，各种高科技武器在战场上被广泛使用，战斗的激烈性和战争环境的艰苦程度也将随之增加，对士兵的身体素质要求也将越来越高。

身体素质包括五个方面：速度素质是人体在单位时间内移动的距离或对外界刺激反应快慢的一种能力；力量素质是人体某些肌肉收缩时产生的力量；耐力素质是人体长时间进行肌肉活动和抵抗疲劳的能力；灵敏素质是指迅速改变体位、转换动作和随机应变的能力；柔韧素质是人体活动时各关节肌肉和韧带的弹性和伸展度。

一个人身体素质的好坏与遗传有关，但与后天的营养和体育锻炼的关系更为密切，通过正确的方法和适当的锻炼，可以从各个方面提高身体素质水平。因此，世界各国军队不仅在征募兵员时具有明确的身体素质要求，还非常重视士兵的体能训练，将其作为提高部队战斗力的一个重要方面，并且贯穿于士兵整个军旅生涯的全过程。例如，美国军队专门有一项关于军官体重标准的规定，军官的晋升与其体重密切相关，一旦超过规定的体重标准，其晋升就会受到影响。

正在进行体能训练的美国陆军士兵

（2）心理素质

心理素质是指在先天与后天共同作用下形成的人的心理倾向和心理发展水平。出色的心理素质，是充分发挥技术战术水平、确保战斗胜利的重要因素。未来高科技战争具有突然性、迅速性、残酷性和复杂性等特点，士兵所处的战场环境非常艰苦和危险，能否承受各种强烈的刺激、能否调节和控制消极的心理反应、能否保持积极的心理状态和高昂的战斗意志，将直接关系战争的胜败。

作为士兵整体素质的重要组成部分，心理素质在很大程度上制约和影响着其他素质的发展和发挥。在残酷的战争中，士兵承受着巨大的心理压力，加上敌方心理战的影响，很容易产生焦虑、厌倦、恐慌等负面心理。如此一来，无论士兵的身体素质和文化素质多么出色，他也无法在瞬息万变的战场上冷静地判断形势，甚至无法独立思考和主动采取行动。例如，二战期间美军约有 100 万人罹患战斗紧张症，其中有 45 万人因精神疾患而被迫退伍，占美军伤病退伍军人的 40%。美军深谙心理素质对士兵战斗力的巨大影响，因此一直在积极研究和实践心理战。在阿富汗战争和伊拉克战争中，美军心理战的运用无孔不入，渗透到许多领域，有效地削弱了对方的斗志。

因心理压力巨大而濒临崩溃的美国陆军士兵

（3）文化素质

文化素质是指士兵要具备基本而全面的文化知识素养，有随时随地积极获取知识的意识，并有良好的自学能力。文化素质是一名士兵成长和发展的基础素质，要衡量一支军队的现代化建设水平，一个重要标志就是士兵整体文化素质的高低。在现代化军队中，士兵不仅要有丰富的现代军事理论知识、高科技知识等，还要有在实际工作中灵活地运用这些知识的能力，尤其是要有熟练操作各类高科技武器的能力。现代高科技武器属于知识密集型武器，一个武器系统往往综合了诸多学科知识，只有理论知识扎实、文化素质较高的士兵才能驾驭这些武器，并使其在战斗中发挥出最大效能。

　　新型军事人才要有较高的文化素质，这是新型军事人才投身军队现代化建设和指导未来高科技战争的必备素质。信息化战争已将军事人才从过去以体能、技能对抗为主转变为以智能对抗为主。高新技术在军事领域的全方位渗透，必然要求各个岗位上的军事人才都必须具有较高的科学文化知识。以美国空军为例，20 世纪 70 年代军官中本科以上学历者约占 80%，20 世纪 80 年代已上升为 100%，20 世纪 90 年代其研究生比例又达到 50%。除了美国军队外，其他国家的军队也在不断吸纳高学历士兵，使士兵队伍的知识结构发生了较大的变化。俄罗斯军队坚持以征召应届毕业高中生、中专生和大学生为主的方针，以保证兵员具有较高的文化素质。印度陆军招募兵员规定为 10 年制学校毕业生。

　　军官和士兵文化素质的高低，对战争的进程和结果会产生直接影响。海湾战争中，伊拉克士兵的文化素质普遍较低，甚至有相当一部分士兵近似文盲，他们不会使用伊拉克军队已有的先进武器装备，也不会使用入侵科威特时缴获的一批美制武器。相比之下，多国部队尤其是美军的文化素质要高很多，这也是多国部队取得胜利的重要原因。

法国著名军校——圣西尔军事学院

（4）军事素质

所谓军事素质是指士兵所具备的与军事专业相关的知识、技能和素养。扎实的军事素质是士兵实现军人价值的前提，也是履行军人使命、赢得未来战争胜利的关键。具体来说，现代化军队中的士兵要有丰富的与军事相关的地理、气象、通信、交通等科学知识，要熟悉外军的军事理论、武器装备及战法知识，要懂得高科技局部战争的特点和规律，要有熟练地运用高科技武器装备的能力。只有这样，才能适应未来高科技战争的需要。

正在进行射击训练的美国陆军士兵

（5）道德素质

虽然战争往往伴随着血腥的杀戮，但并不意味着参与战争的士兵就只是毫无道德素质的杀戮机器。道德素质是军人立身之本，是军队形象之基。古代军人就有精忠报国、英勇作战、严肃军纪、赏罚分明、国重于家的精神。而现代化军队的军人道德，指的是英勇顽强、不畏牺牲、明辨是非、品行端正、热爱人民、服从指挥。

有了良好的道德素质，士兵才能确立个人的行为准则，才知道应该怎样做、不应该怎样做，才能使自身的各种素质得到巩固和提高。因此，士兵自觉用军人道德规范自己的行为，不断加强自身的道德素质，对提高部队的战斗力具有重要作用。

各国军队如何进行新兵训练

　　新兵是军队的新鲜血液，新兵训练则是军队军事训练的基础工作、战斗力建设的奠基工作，是士兵从普通人成长为合格军人的起点。世界各国的武装力量从培养合格战斗人员目标出发，都会采取不同的方法激发新兵训练热情，提高新兵训练质量，其做法各具特点，其中美国、俄罗斯、英国的新兵训练方法颇具代表性。

　　（1）美国

　　美国许多军人服役期间都有在海外执行任务的经历。为了让新兵下到部队后能更好地完成战场任务，美军相关训练课目往往按最新战场经验设置，基本战斗训练安排有白刃格斗、翻越障碍、高楼攀缘、溜索过河，以及三天两夜负重 60 千米奔袭等，让新兵体验近似真实的战场感受。与此同时，美军还十分重视应用模拟仿真技术组织新兵训练。如在战术对抗训练中配备激光交战模拟器，增强对抗的真实性；有意识地制造声、光、电、烟、血等效果，锻炼新兵的胆魄；利用"完全沉浸式训练模拟仿真系统"，让新兵在虚拟环境下，感受战场环境，并根据具体情况做出各种反应动作，以提高其战斗能力。

　　美军新兵训练中心经常对新兵所训练的课目进行严格的考核，达不到标准者不准进入下一阶段的训练。每个训练阶段中连续两次考核不合格者，会被要求重新学习或退伍。据统计，美国陆军新兵训练淘汰率最高曾达到 8.2%，海军陆战队等作战强度大、执行特殊任务的军兵种，其淘汰率更高。

训练中的美国陆军新兵

（2）俄罗斯

俄军新兵入伍后，通常会采取先训后补的方式，在教导队或培训中心接受 5～6 个月的军事基础训练。待新兵全部掌握基本的战术技能后，再补入作战部队，集中接受 1 个月的强化军事训练。

在教导队或培训中心期间，新兵通常要进行单兵训练和初步的战术训练，掌握共同的战术技术基础知识。他们不仅要接受入伍教育以及共同条令、武器装备基本知识、队列、轻武器射击、军事体育等共同训练，还要接受战术队列作业、野外驻训等初步战术训练，以及战术作业、战斗射击、按方位角前进、克服障碍、核生化防护和战场救护等专业训练。

在这个过程中，新兵要经过严格的考核评定，然后进行分流。一部分训练成绩优秀、并表现出一定的组织能力者进入军士训练队，按照军士训练大纲进行军士培训，成绩合格者补入作战部队，担任班（车）长或专业技术职务。一部分入伍前有技术专长或反应灵活者进入专业兵分队，进行分类专业训练。其余人员进入普通分队进行训练。这种边训练边分流的方法，可以有效地调动新兵训练的积极性，使每一个新兵的优势得到充分发挥，做到人尽其才。

俄罗斯陆军士兵参加手枪射击训练

（3）英国

英军的兵员比较缺乏，新兵素质差异较大。为了使具有各种素质基础的新兵都能尽快适应部队生活，英军明文规定，要以各种措施调动和保护新兵的训练积极性。

由于一些技术战术课目动作单调，反复训练往往会使新兵产生厌烦心理，慢慢地就会失去对训练的兴趣。为此，英军特别注重实际操作和带战术背景的训练。组织者常常把轻武器射击训练与野战技巧、基础战术动作训练结合起来进行，使新兵在进行射击训练的同时，学习运动、观察、目标识别、判定距离、伪装和隐蔽等技能。在轻武器射击训练中，新兵通常是练一段时间，就打上几发子弹检验一下前面训练的效果。英国陆军部队的新兵在通过最后考核前，要打百余发子弹，英国海军部队的新兵则要打千余发子弹。

为了调动新兵的训练激情，英军还为新兵设置了冒险性训练项目，如登山、攀岩、潜水、滑雪、跳伞，以及到极地寒区、热带丛林、沙漠地带进行野外生存训练等。这些措施不仅激发了新兵的训练热情，还增强了团队精神，培养了新兵克服困难的勇气和信心。

训练中的英国陆军新兵

▶▶▶ 军人的体能训练为何至关重要

为了能在战场上生存并战胜敌人，军人需要通过各项训练不断地磨炼自己的身体机能和心理素质。无论是刀剑相搏的冷兵器时代，还是枪炮齐鸣的热兵器时代，各国军人都很重视的一项训练，就是体能训练。

军人的体能是战斗力的重要构成因素之一。良好的体能是完成作战任务的基础。由于军人要在很多恶劣环境中与敌人进行力量和耐力的角逐，没有好的体能，甚至难以自保，更难以完成任务。体能训练一向被认为是各种战术训练、技术训练的基础，且通常在军事训练中作为相对独立的基础训练阶段而存在。体能训练对增强心理素质也有重要的作用，拥有强健体魄的军人，面对各种困难和紧急情况的应变能力都比较强，从而在信心、勇气上高人一筹。

体能通常也称体力，是指进行运动或劳动所需要的身体能力，既包含运动能力，也包含劳动能力和其他形式的身体活动能力。对军人而言，除身体活动能力外，还需要适应各种环境和应付突发事件的身体和心理上的能力。因此，军人的体能，是指在体力劳动、训练和其他活动中能够有效地发挥作用，并且还有足够的精力应付任何可能发生的紧急事件的能力。也就是说，军人的体能除了体力以外，还包括适应及应急的能力。

军人的体能要求，主要包括以下内容：①耐力素质。这是军人体能的重要组成部分之一，它能够在训练和工作时，保证肌肉获得足够的氧气，从而产生人体活动所需的能量。高水平的耐力素质可以满足身体持续活动的需要，不至于过早疲劳，并有助于负荷训练后的快速恢复。②肌肉力量与肌肉耐力。肌肉力量是指肌肉或肌肉群克服阻力，一次收缩所产生的最大力量。肌肉耐力是指肌肉或肌肉群长时间以最大力量重复运动的能力。③柔韧素质。关节和任何联合关节在正常范围内最大活动的能力，以及指关节活动的幅度。良好的柔韧性，有助于军人更有效地完成诸如搬运、攀登、跳伞、跑步等体力任务，并减少损伤。④对抗性素质。军人在外界压力和环境变化中正常发挥体能水平的能力。

另外，现代高科技战争对军人体能还有其他要求：①抗眩晕能力。现代战争的作战区域广阔，军人的行动已不再是两条腿走天下。军队的高度机动、快速推进，使军人必须适应几个小时甚至数十个小时的车载、舰载、空运，抗眩晕能力受到考验。尤其是登陆作战，士兵由于舰船在大风大浪中的摇摆颠簸容易发生呕吐现象，严重者会丧失战斗力，这使得机体的抗眩晕能力更为重要。②野外生存的适应能力。现代战争已打破了地域界限，士兵可能需要面临各种恶劣环境。部队远离营区，后勤补给随时可能受阻，孤立无援、无水无粮的情况随时可能发生。核生化武器投入战场，动物、植物、水源也将受到严重污染。因此，军人野外生存适应能力也是现代战争对军人体能的客观要求。

体力不支的美国陆军士兵

正在进行体能训练的美军士兵

各国军队如何提高士兵的体能水平

军人体能水平的高低，除受先天遗传因素的影响以外，主要取决于后天的系统化、科学化训练。训练是否科学、有效，直接影响军人体能水平的高低。

海湾战争等局部战争证明，在现代高科技战争条件下，战争的突然性、快速性、剧烈性与日俱增。军人在战场上的生存环境发生了巨大变化，需要军人拥有强壮的体魄、坚强的意志，对军人的体能要求不但没有减弱，反而对体能水平和训练质量提出了更高的要求。要求通过体能训练，使军人从力量、速度、耐力素质到灵敏、协调素质，都达到一个新的高度，尤其是军人的抗眩晕能力、抗疲劳能力、野战生存能力和高负荷的心理承受能力，在现代战争中显得尤为重要。对外界各种复杂环境的适应能力及心理承受能力，将直接影响军人其他身体素质在战争中能否充分发挥作用。只有全面、均衡发展，才能真正提高军人的体能水平，并在战争中得以充分发挥，提高部队的战斗力。

目前，世界各国军队都十分重视体能训练。美国、俄罗斯等军事强国都将体能达标作为军人的最低职业要求，并建立和完善相关制度机制，使军人体能训练走向科学化、制度化、规范化。美军秉承"军人即士兵"的基本理念，并将其贯穿于部队训练与院校教育之中。美军提出要将作战部队官兵打造成"作战士兵"，目标直指未来战场。美国陆军野战条令《身体准备训练》中明确指出，身体训练的根本目的是满足战争需要，要紧紧围绕作战需求与战场环境展开，体能训练周期要与作战准备周期保持一致，以确保最佳的身体准备状态。美国陆军、海军陆战队等提出作战体能的概念，将体能与作战直接联系，并对战斗行为进行动作分析，进而制定相应的体能训练措施。

俄军认为，体能准备是作战准备的基本构成，体能训练的目的是确保军人的体能状态能够满足执行作战任务和其他军事任务的需要。2014年3月，俄罗斯政府发布总统令，恢复实施"劳动与卫国体育制度"。俄罗斯一系列体能训练改革动作的背后，是其对现代战争中军人体能训练价值与作用的重新审视与定位。

2013年4月，加拿大国防部颁布实施最新的体能训练计划，明确体能训练要基于作战需求。此前，加拿大军队对过去20年加拿大军人400多种军事动作行为进行了分析研究，梳理出20多种满足作战需求的体能训练项目，并将其列入训练计划，具有很强的实战性和针对性。

　　为了让军队的体能训练取得良好的效果，美国、俄罗斯等军事强国还建立了完善的体能训练管理体制。美军实行分军种领导管理体制，以陆军为例，美国陆军训练与条令司令部和部队司令部均设有专门机构，负责制定军体训练条令条例、训练计划；师旅级单位编配专职人员，负责制订具体计划、提供训练保障、监督训练实施、评估训练效果；营连级单位编配体能教练，负责组训实施，据估算，体能教练人数有 3000 余人。美国陆军颁布的涉及体能训练的条令条例高达 29 部，其内容涉及体能训练的方方面面。此外，美国陆军体能训练法规延续性强，1919 年颁布的指导军人体能训练的战术级条令《身体训练》，迄今为止已进行了 12 次修改（2012年，该条令更名为《身体准备训练》），从未中断。

　　俄罗斯国防部于 2009 年和 2013 年相继颁布和修订了《俄罗斯联邦武装力量体能训练条例》，详细规定了体能训练的内容方法、条件建设、器材标准配置和奖励措施等，指导性和可操作性很强。俄军总参谋部设体育训练局，各军区（舰队）、集团军、旅（团）设体育训练主任，各部队配备专职体能教练员，全军编制 2400 名体能教练员，其中旅级单位编制分管不同项目的专职军体教官 10 ～ 15 人。

　　以色列军队的体能训练由总参谋部条令与训练局统辖，各级司令部和部队不仅配备专业军官，负责制定所属部队体能训练计划和指导，并配备体能训练教员，负责训练计划的具体实施，还配备体能训练骨干，协助教员组织日常体能训练。

　　对于军队体能训练的配套设施，各国军队也有明确的建设标准和要求。俄军对团、营、连三级单位体能训练器材、场地设施保障标准都进行了规范，其中，团级单位规定要有体育（球类）馆、田径场、游泳池等 18 类 27 种场地及配套设施，连级单位要有单双杠、哑（杠）铃等 14 种训练器械和 17 种考核器材。以色列军队专门负责全军体能训练的第八训练基地，在全国设有 36 个训练中心，均建有基本训练场并配备相应器材设施，便于部队就近参加训练和测试。

　　为切实提高体能训练效率，美军、俄军等均强调体能训练要紧紧围绕作战任务，训练计划必须坚决遵循军人身体准备和战斗力生成规律。美国陆军将体能训练划分为新兵强化阶段、提高阶段和保持阶段，运用阶段性训练方法组织体能训练；根据部队作战准备周期制订相应的周期化体能训练计划；训练计划按年、月、周、天区分，并由训练与条令司令部颁布实施。俄军根据完成不同作战任务的身体需求，设置了体操、擒拿格斗、翻越障碍、田径、滑雪、军事实用游泳 6 大类60 个训练课目。

英国陆军士兵参加体能训练

通过俯卧撑锻炼体能的美国陆军士兵

▶▶▶ 为什么说"服从命令是军人的天职"

军队的性质及任务决定了军人必须服从命令。军队是保卫国家安全、主权领土完整的武装集团，服从命令是完成任务的首要保障。服从是对军人的基本要求。无论什么时期，无论哪个国家，军人都以服从命令为天职。一支军队，若在战术上失败，并不是无可挽回的事情，而在战略上一旦失败，则军队和国家都有可能陷入动荡甚至灭亡的境地。要保证军队不在战略上出现错误，完全取决于军队的单兵素质。而军队的单兵素质，不仅体现为士兵熟练掌握各种武器装备的使用方法，更体现为士兵具有服从命令的意识。

"服从命令是军人的天职"，其中隐含的意思是"军队作为一个高度正规化、组织化、纪律化的武装集团，严格的纪律或日常规章制度、条令是维系和增强这个集团战斗力、凝聚力的重要基础"。

服从体现了全局和士兵个人的关系。只有服从才能使士兵之间形成最大的合力，保证军队或基层单位的全局利益。只有服从才能使团队产生强大的凝聚力，向着同一个方向前进，进而产生强大的战斗力，有利于各项任务的完成。服从于共同的任务和目标时，在共同完成任务的过程中每位士兵都会感到个人力量的有限，深感团队协作的重要性。没有规矩不成方圆，服从也是不犯错误或少犯错误的重要保证。

服从体现了强有力的自我控制，在上级命令与士兵自己的想法不一致时，要克制自己、服从命令。只有坚强的士兵才能为了中心任务，暂时忘记自我而服从大局。服从体现了铁的纪律，铸造了军人的独特形象和部队强大的向心力和战斗力。军人在执行命令时可能出现不理解的情况，因为他可能不理解上级的通盘考虑，但不理解也要去执行，以免贻误战机。服从意味着竭尽全力获得命令所要求的结果。

美国西点军校有一个悠久的传统，不管何时遇到长官问话，新生只能有四种回答。除了四个"标准答案"之外，若有额外字句，长官立刻会问："你的四个回答是什么？"这时新生只能回答："'报告长官，是''报告长官，不是''报告长官，没有任何借口''报告长官，我不知道'。"这种要求是让新生学会忍受不公平，因为人生并不是永远公平的。习惯于服从，就能使人养成无论遭遇什么困难都能恪尽职守的习惯。

毫无疑问，军令如山、令行禁止是世界上任何一支军队高度组织性、纪律性的充分体现，每位军人都应以遵守纪律、服从命令为天职，否则部队就会成为一盘散沙。

当然，高度服从并不等于绝对服从，更不等于抛弃民主，服从命令和发扬民主是相辅相成的关系。对于正确的命令，军人应当无条件、不折不扣地执行；对于不正确、不合理的命令，就应在充分发扬民主的基础上，提出意见和建议，以确保服从命令的科学性、可行性。

英国陆军士兵正在训练

美国西点军校学员

为何既要重视单兵能力又要强调团队精神

当今社会，分工与合作的团队意识逐渐被更多的人所提倡和遵循。在这样的团体中，一节连着一节、一环扣着一环，谁也离不开谁。在军队中，士兵之间的合作同样也非常重要，只有互相协作的士兵才能构成作战团体，战斗力也会成倍提高，可以完成同样数量却各自为战的士兵所不能完成的任务。

在冷兵器时代，团队协作是一支军队赢得战争胜利的关键因素。例如，拿破仑曾率领不擅长骑术但纪律严明的法国军队击败了纵横北非数百年的马穆鲁克骑兵。现代战争中，团队协作依然具有重要意义。因为个体的力量是有限的，而团队的合作则可以实现个体难以达成的目标。一个性格、能力互补，气氛和谐、相互信任的团队，拥有强大的战斗力。智者千虑，必有一失，每个独立的思想相互碰撞、相互激发、相互补充，就可以产生超常的智慧。既然是团队合作，每个人都在其中，每个成员都要为了共同目标而奋斗。团体成员都要主动地承担一部分压力，甚至为了最终的目的，主动牺牲个人的利益。这种因为相互信任的合作，甘愿为大局损失个人利益的合作，必将产生出无与伦比的整合力，使团队的能力迅速放大，直至取得最终的胜利或者达到最终的目的。

二战后，世界各国进行了大量的军事心理学研究。为了解多大规模的小分队最有助于士兵的稳定、统一和保持战斗意志，研究人员在战斗前线进行了细致的调查。他们发现，当一个分队规模太大时，凝聚力就开始减退，因为部队人数太多，不可能在所有人之间建立个人联系。理想的小分队应由 3 ～ 8 名士兵组成。在人数相对较少的小分队里，士兵的态度、期望和战斗目标更容易趋向一致。也就是说，每名士兵在评价自己时也能用同样的标准来衡量他人，这会使整个小分队更具战斗力，因为不存在薄弱环节。士兵一起训练，一起战斗，也一起经历失去战友的悲伤。久而久之，士兵之间就会建立无比坚实的信任关系。

美国海军陆战队参与大规模的多兵种行动时，不论部队规模多大，他们始终会遵循所谓的"三个原则"。"三个原则"是指海军陆战队长官仅对 3 人或 3 支下属部队承担责任。因此，每名海军陆战队士兵隶属于一个 3 人战斗小分队，一名海军陆战队下士对这个战斗小分队负责。一名中士就要控制由 3 个战斗小分队组成的一个班，一名上士或中尉就要领导由 3 个班组成的一个排。尽管在军队编制的级别上，每上一个级别人员数量都要扩大，但这种体制意味着每一个人对某一群人来说只负有限的责任。其结果是，美国海军陆战队士兵之间有一个精心编织的关系网，每位士兵只关注与他最近的 3 人网。这一体制不仅孕育了美国海军陆战队久负盛名的集体荣誉感，而且还有助于有效、明确地进行决策，这显然是部队成功的决定性因素。

　　当然，培养士兵团队精神的方法远不止这些。总地来说，培养士兵团队精神要用事业来凝聚、用品德来感召、用感情来维系。

帮助受伤战友的英国陆军士兵

俄罗斯陆军士兵在训练中默契配合

世界各国如何培养军人的荣誉感

荣誉感是激发军人战斗意志、提高战斗力以及维护部队稳定的关键因素。一名真正的军人往往为荣誉而奋战、为荣誉而献身。荣誉感培养历来是激发军人责任感、使命感和维持军心的重要途径，古今中外任何一支强大的军队都无一例外。拿破仑曾说："只要有足够的勋章，我就能征服世界。"克劳塞维茨也表示："在一切高尚的感情中，荣誉心是人的最高尚的感情之一，是战争中使军队获得灵魂的真正的生命力。"其道理正在于高度的荣誉感能激发部队的士气，激发出其无与伦比的战斗力。

荣誉感的生成主要来自职业自豪感、成就感，而职业自豪感、成就感又源自军人的价值观。军事文化对军人荣辱感的形成，有熏陶、引导作用。世界各国在营造军事文化、培养军人荣誉感方面都采取了许多措施。有美国"军官摇篮"之称的西点军校向来把对学员的荣誉教育放在突出位置，该校学员章程规定：每名学员无论在什么时候，无论穿军装与否，无论是在西点军校内还是在西点军校外，也无论是担任警卫、宿舍值班员还是执勤军官等职务，都有义务、有责任履行自己的职责和义务。任何人在履行职责时，出发点都不应是为了获得奖赏或避免惩罚，而是出于发自内心的责任感。

韩国军队同样十分重视对士兵的荣誉教育。韩国军队安排的荣誉教育时间并不多，每周只在周末安排两小时，但是荣誉教育的氛围却很浓厚。用韩国国防部官员的话说，战斗力首先来自对祖国的忠诚、对荣誉的珍惜以及强烈的自信。韩国国防大学也把"祖国、荣誉、知性"作为校训。为增强军人的荣誉感，从国防部到连队，历任主官的照片都置于最明显的位置；全天候飞行员、全能训练手的照片也张贴在荣誉栏里；历史上获得的荣誉，如奖状、奖杯等，则以精致框架摆放在过道上或会议室里。

世界各国军队设立的各类勋章，更是培养和激发军人荣誉感的绝佳方式。例如，美国政府在 1862 年 7 月设立的荣誉勋章是美国最高军事奖章，颁授范围面向美国武装力量所有分支的成员，包括陆军、海军、空军、海军陆战队和海岸警卫队，获奖者必须"在与合众国的敌人进行的战斗中，冒着生命危险表现出超乎寻常的英勇无畏精神"。其他国家也有类似的奖章，如英国嘉德勋章、法国荣誉军团勋章、朝鲜金日成勋章等。

美国荣誉勋章（从左至右依次为陆军、海军／海军陆战队、空军式样）

英国嘉德勋章　　　　　　　法国荣誉军团勋章

军人如何克服对死亡的恐惧

对于军人来说，恐惧是很容易出现的心理现象。因为在瞬息万变的战场上，军人随时随地面临着各种危险，前一刻还在并肩作战的战友，下一刻就有可能被炸得血肉模糊。尤其是在敌我力量悬殊或战局不利时，恐惧心理很有可能像瘟疫一样蔓延全军，导致战事失利。

战争中军人的恐惧心理源于缺乏教育，缺乏经验，缺乏对"死亡是战争必须付出的代价"的理解。其实，只要方法得当，恐惧也可以转化为勇气。

在战争中，如果参战的军人自己都无法战胜内心的恐惧，那么就算投入再多的人力、物力也无法战胜敌人。历史上，一些军队的指挥官会把那些临阵脱逃的士兵杀掉，然后用烈酒来消除剩下的士兵心中的恐惧。军事历史学家约翰·基根曾指出，在 15 世纪的阿金库尔战役以及 19 世纪的滑铁卢战役中，很多士兵要不是喝醉了，根本就无法参战。即使是现在拥有先进军事科技的美国，指挥官仍然要依赖一些原始的手段来激励士兵。

德国电影《最后的桥》（1959 年）中因恐惧而哭泣的德国少年兵

现代战争中，要想引导士兵进入战争状态，需要比陈词滥调和铁腕手段更多的东西，尤其是科学的心理训练方法。经过适当训练，具有恐惧心理的士兵可以成长为作战勇敢的士兵，突破个人的极限。

要想克服恐惧心理，士兵首先应该加强自己的意志锻炼，即保持镇静并面对现实。具体就是要尽量训练自己在面对引起恐惧的事物时保持镇静，先不要自己恐吓自己。每个人都有害怕的事物，这并不是什么羞耻的事情，要学会接受这个现实，并充分发挥自己的主观能动性。积极主动地面对现实，恐惧心理通常会得以消除。

军事训练本身也会让士兵产生恐惧心理，其在不同训练阶段的表现如下：训练动员阶段，心理失去平衡，情绪过分紧张，意念中无限放大训练的危险性，惊慌、焦急，甚至心跳加快、四肢颤抖；训练进行阶段，紧张情绪难以控制，动作僵硬变形，体能处于瘫痪状态，有的人甚至意志动摇、逃避训练等。训练恐惧心理通常有以下几种类型：①知觉型恐惧心理。由于对训练难度产生错觉而引起心理紧张。②智力型恐惧心理。由于对训练缺乏科学的认识而产生畏惧心理。③动机型恐惧心理。由于对训练目的认识不清，害怕流血受伤。④抑制型恐惧心理。由于个人的应变能力差，感到难以处置紧急情况。

克服训练恐惧心理，一般应从以下几个方面做起：①转移注意力。快节奏的训练生活能让士兵感到充实，可以针对士兵的不安心理，召开军事民主献计献策会，周密地制订训练计划。士兵每天写训练日记，可以有效地终止负联想机制，从而减轻和消除训练中产生的恐惧和紧张心理。②加强心理训练。人的心理对熟悉的事物、对预先有了精神准备的事件，一般不会恐惧。反之，便会害怕。充分利用声、光、电、烟等模拟手段来营造训练气氛，进行模拟训练，由于诱因多次出现，人的心理会重复受到刺激，训练场上就可消除和减弱恐惧心理。③增强心理素质。通过培养军人必须具备的基础心理素质，使所有士兵适应训练中的困难和挫折，消除惊慌、恐惧、丧失信心等消极心理因素。④提高训练水准。士兵技艺高超，心理容量大，适应性就强，就可以有效地消除恐惧、紧张心理。因此，在训练中，不可因为迁就个别士兵的恐惧心理而降低训练标准，要引导士兵懂得，只有熟练掌握手中的武器，在训练场上才更安全。

士兵对险难课目训练的害怕与担心，从心理学上说是一种"险难畏惧感"。这常常是在从事某一项危险而艰难的工作之前，由于过分看重其危险及艰难，加之勇气不足、把握不大，而产生的持续性精神紧张或惊恐。

要战胜这种畏惧感，首先要认识到完成险难课目不一定会出现危险情况。同时，要认识到紧张畏惧与出现危险是高度关联的，越紧张越容易出现危险，越有勇气越容易成功。此外，还要做好训练前的技术准备，包括学习有关常识，与别人交流有关的经验，掌握正确的动作要领，进行必要的应激反应训练，提高自己的灵敏度。

必要时，还可以用"系统脱敏法"消除畏惧心理。一般来说，一个人最惧怕的东西也是他最敏感的东西。例如有人怕蛇，所以对蛇特别敏感。根据这种原理，如果把对某事物特别敏感的心理消除，其惧怕体验就会随之消失。这种方法在心理学上就叫系统脱敏法。其训练步骤是：把能够引起畏惧的具体刺激按照由弱到强的顺序排列，先让畏惧者接受弱一级的刺激，等其对此逐渐适应不再惊恐时，再增加刺激强度，直到畏惧者的恐惧心理完全消失或勇气大增为止。

对于恐惧心理，最有效的消除办法就是人精神上的天然"解毒剂"——勇敢的精神、正确的思想、自信的意念和乐观的态度。不要等恐惧的思想深深地侵入脑海后，才去用"解毒剂"。一旦先用勇敢的精神、正确的思想、自信的意念和乐观的态度填充了头脑，恐惧的思想就无法侵入。当不祥的预感、恐惧的思想在心中萌芽的时候，切不可纵容它们，使之逐渐滋长蔓延。应当立即转换思想，向着与恐惧忧虑相反的方向去思考。

直面毒蛇的泰国军人

>>> 前线士兵如何应对战争创伤

现代战争中，炮兵和空军的打击距离非常远，并且具有较高的精准度和极大的杀伤力。即便是位于战线后方的士兵，也没有安全感可言。另外，为了保持战争的节奏，无法休息、无暇吃饭、光线昏暗、气候恶劣、远离同伴等恶劣的作战环境也给士兵造成了极大压力。在信息化战争中，卫星定位系统、计算机辅助火炮测距仪、地对空导弹防御系统和密码通信等工具都要求士兵操作时必须全神贯注，这也加剧了士兵精神耐受力的衰竭。

自二战以来，在战争中罹患精神疾病的士兵不在少数。例如，海湾战争后，美、英等国参战的士兵有相当一部分患有"海湾战争综合征"。这是一种在高科技战争条件下，由于遭受武力和心理打击而产生的心理疾病。许多士兵在战后出现了精神压抑、疲劳、头痛、失眠、腹泻、记忆力衰退、注意力分散、肌肉和关节疼痛、呼吸障碍等各种身体不适的综合症状。这种疾病具有传染性，如果不能得到及时治疗和遏制，将会对部队战斗力造成致命性的打击。

战争造成的物质损失，可以通过重建来弥补。而战争给士兵带来的心灵创伤，将长久难愈。无论训练多么艰苦，也无论意志多么坚强，很少有士兵对战争创伤具备完全的免疫力。很多士兵平时训练时一般不会感到紧张，如果参加实战演练或者面对真正的战争时，就会感到不同程度的紧张。

参加实战演练的美军士兵

在现代军队中，特种部队面临的作战压力无疑是最大的。特种部队的活动几乎都是在最易诱发战争压力的条件下进行的，而且特种部队通常以小队的形式投入战斗，有时甚至需要单兵作战，应对战争压力时没有任何人可以倾诉，相反还要面对长时间警戒的孤独乏味。此外，身体负重较大，经常睡眠不足，会严重消耗特种兵的体能和积极性。然而，特种部队出现精神疾病患者的概率远比普通部队低，战争压力反应现象也远少于普通部队。

特种兵成功克服战争压力的秘诀就在于他们平时接受过严格的训练和战争考验。特种部队会在训练方案中尽量保证真实性，从而使士兵感受到真实战争的恐怖性。例如，英国特别空勤团建造了一种被称作"杀人屋"的训练场地，后来被世界各国的特种部队所采用。这是一种室内的实弹射击场，它所使用的墙壁与楼板材料可以安全地承受近距离的实弹射击。在援救人质的演习中，特别空勤团会安排一些士兵扮演被关在"杀人屋"中的人质，而恐怖分子则由与真人一般大小的人形标牌充当，遍布"杀人屋"的各个角落。演习过程中，特别空勤团士兵会使用实弹射击，也会使用眩晕手榴弹这样的非致命性武器。由于光线昏暗、场面混乱，难保不会出现意外伤亡事故，但只有这种残酷的训练才会让士兵从容地面对战争压力，在实战中成功地生存下来。

美国陆军士兵在"杀人屋"中进行实弹训练

这类训练的好处非常明显。首先，使用实弹有助于士兵习惯自己的武器在特定物理空间中射击时的声音和感觉。其次，在射击距离之内有一个活生生的人体目标，这种方式有助于士兵接受自己行为的后果。最后，扮作人质的人员本身也可受到锻炼。在保持镇静和警惕的同时，他们也能适应擦肩而过的子弹的"嗖嗖"声。所以，此类训练必须多次重复进行，直至最后对战斗的渴求成为士兵的第二天性。以后一旦士兵真实地投入战斗，他的大脑就绝不会像从未受过此类训练的人那样容易受到伤害。

步兵在现代战争中还有没有作用

在战争电影中，我们经常会看到这样的场景：步兵部队遇到敌方猛烈的抵抗与打击时，只能躲在掩蔽物后面呼叫空中支援和炮兵火力支援。等到一阵狂轰滥炸过后，所有步兵再出来收拾残局。所以很多人都有这样的疑问，既然单兵作战多数是收拾残局和清理战场，各国军队何必在单兵装备上耗费资金呢？单兵作战是不是逐渐成为战场的配角呢？

受到影视剧和电子游戏的影响，很多人都认为谁有更多的导弹火炮和更强的飞机坦克，谁的战斗力就会更强大。在这些重武器面前，单兵作战能力无论多么强悍，其作用都显得微乎其微。其实不然，以步兵步战为代表的单兵作战在从古至今的战争中都发挥着重要作用。

法国陆军步兵

步兵是人类最早发展出来的兵种，几乎人人都可以成为步兵。古代军队就有步兵、骑兵、弓兵的区分。而到了后来的火药时代，普鲁士军事理论家和军事历史学家克劳塞维茨在《战争论》中表示，没有炮兵会被动，没有骑兵很难扩大战果，但是没有步兵，基本上就什么都没有了。所以步兵的重要性大于炮兵，更大于骑兵。到了近代，随着重机枪、坦克、飞机等武器的发展，战争进入了机械化时代，步兵也不再是传统意义上只靠两条腿机动的士兵，开始朝着摩托化、机械化，甚至航空化方向发展。而现代战争中，尽管海军、空军能够打赢战争，但仍需要陆军来结束战争。军舰和战机不能持久地占领一个国家，但是军靴和刺刀可以，所以步兵依然具有其他兵种无法替代的作用。

由于人体的限制，步兵部队在机动能力、防护能力、火力投射能力等方面都无法与装甲部队相提并论。然而步兵以单兵为机动单位，几乎能在任何地形中作战。在更为复杂的战场环境中，例如城市战、山地战、坑道战、阵地战，步兵有着不可替代的作用。这也是步兵这个历史最为悠久的兵种时至今日也没能被取代的原因。

可以这样说，步兵是一种无可替代的兵种，是一个国家政治机器的最末端、最直接的化身。步兵打到哪里，这个地方就会被占领，占领就需要统治，统治的基础力量就是步兵，那么步兵背后的这支军队以及军队背后的政治组织或者国家的政治理念、政治制度就会跟到哪里。

现代步兵一般携带小口径武器或轻型的反器材武器。机动能力相对于他们的前辈已有相当大的提高，常乘坐军用车辆突击作战或以直升机、运输机进行"跳岛"战术。其主要装备有步枪、机枪、冲锋枪、手榴弹、火箭推进榴弹、迫击炮、反坦克导弹、防空导弹、汽车、装甲输送车、步兵坦克、直升机和运输机等。

韩国陆军步兵

►►► 二战时期德军步兵班编制有何特点

二战时期的纳粹德国军队，名头最响、被后世军事学家研究最多的兵种当属装甲兵。然而，占据德军主力的仍然是依靠驮马甚至徒步的步兵，即便是摩托化步兵，比例仍然很低。德军以机枪为核心的步兵班排战术效率极高，攻守兼备，影响了很多国家的步兵战术。

二战时期，德军步兵班主要由一名班长、一名副班长和 8 名士兵组成，一共10 人。除了机枪主射手和副射手外，其他人（包括班长）都装备一支毛瑟 Kar98k 步枪。直到 1940 年以后，班长的装备被替换成 MP 40 冲锋枪，配有 6 个弹匣，每个弹匣备弹 32 发；机枪手开始配备一挺 MG 34 通用机枪，后期换装为 MG 42 通用机枪，同时机枪手还配备了一把手枪作为自卫武器，备弹 50 发；机枪手一个人是无法操作机枪的，所以还要有一名副射手。副射手身背 4 个 50 发机枪弹鼓和备弹 300 发的弹药箱，同时配备一把手枪和 50 发子弹作为自卫武器。除了两位机枪手外，一般还会有一位弹药手一起操作机枪。弹药手一般由班里的某个普通步枪兵兼职，他要携带2 个 300 发弹药箱，同时携带一支步枪作为武器。普通步枪兵至少配备 9 个步枪弹匣（绝大多数情况下，单兵携带的弹匣数量远远超过 9 个），每个弹匣备弹 5 发。

班长的职责是指挥整个步兵班，他有权力直接命令机枪手的射击方向，如果战斗情况允许，他也可以命令步枪兵的目标选取；除了指挥战斗，他还要负责小队人员能否正常协作，小队装备是否齐整，同时还要注意小队的弹药消耗量。

副班长的主要职责是协助班长进行指挥，他的主要任务是与上级（排长）保持联系，并确保与其他班的配合顺畅。此外，一旦小队面临分头行动，副班长要担起指挥其中一队士兵的职责。

机枪手的职责是压制或摧毁敌方步兵的火力点。副射手会帮助主射手架设机枪，提供弹药，并在其他方面帮助主射手作战。副射手的位置一般在主射手的后方或者左边，他要在战斗中确保弹药链能够正常供弹，同时在机枪卡壳时能第一时间解决问题。如果主射手因为任何意外无法继续射击时，副射手要及时顶上，继续战斗。弹药手的职责是为机枪弹链装填弹药，并时刻监测机枪弹药的使用量。弹药手的位置一般靠后，但在必要时也要举起步枪保护机枪手，或者为步枪兵提供火力支援。

普通步枪兵手持步枪和刺刀进行作战。由普通步枪兵组成的步枪队是全班主要的突击力量，在情况允许时，步枪队需要冲上敌人阵地或其他地点，与敌方近距离接触并占领地域。此外，如果战场环境需要，普通步枪兵也会为机枪手携带更多的弹药。

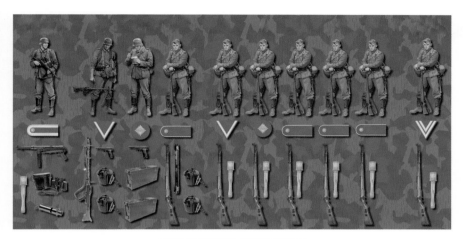

二战时期德军步兵班编制示意图

>>> 现代步兵班编制和装备有何变化

步兵班是步兵的基本战斗单位，通常由 3～4 个战斗小组在 1 名士官的指挥下执行战斗或勤务任务。步兵班的武器一般包括班用的轻机枪，士兵使用的突击步枪或冲锋枪，以及手枪、火箭筒、手榴弹等。在一些被加强的步兵班中，会根据战斗或勤务任务配备其他武器。

二战之前，步兵班的装备和战术比较单一，主要由装备步枪的步兵组成，有 10～15 名士兵和 1 名士官。二战期间，由于轻机枪、冲锋枪、火箭筒等单兵武器的出现和普及，许多国家的步兵班在装备和战术上的变化较大。二战以后，随着军事理论和军事装备的变革，步兵班的编制和装备也发生了较大的变化，主要变化趋势有以下几个方面。

（1）**火力加强**。现代步兵班拥有更强大、持续的火力，在人员杀伤、反坦克、防空等方面都有所提升。

（2）**通信能力加强**。二战中只有美军将无线电通信设备装备到步兵排一级，而在现代陆军中，很多国家都把无线电通信设备装备到了班一级。未来在各国的陆军士兵装备计划中，每名士兵都将装备无线电、卫星通信设备。

（3）**防护力加强**。单兵的个人防护装备将得到提升，步兵班还能获得装甲战斗车辆的装甲防护。

训练中的美国陆军步兵班

（4）**机动能力提高**。现代陆军的步兵班，不仅可以得到汽车、装甲运兵车、步兵战车等陆地机动车辆的支援，还能配备武装直升机、全地形战术车辆等新型装备，因此在机动能力上必将有很大的提升，对地形条件的适应能力也将大大增强。

（5）**人员减少**。为适应战场快速反应、减轻后勤负担、适应装甲车辆等需要，以及在新军事技术运用到步兵装备的条件下，各国军队的步兵班都能在不降低战斗力的前提下，减少步兵班的编制。各国军队步兵班的人数一般都在 7～12 人。

训练中的英国陆军步兵班

战斗工兵与一般工兵有何区别

在大部分人眼中，工兵的主要任务就是排雷、架桥、修路等，并不直接参与前线战斗。实际上还存在一种工兵，他们的主要任务是保障己方装甲部队的机动作战，及时排除前方的各种障碍，由于这些障碍大部分都处于敌方的火力打击范围之内，使工兵也不得不参加战斗，成为具备突击支援能力的战斗工兵。

二战时期，纳粹德军非常注重战斗工兵的建设，意图打造一支能够伴随装甲兵作战的机动工兵部队，这些战斗工兵必须具备一定的装甲防护能力和突击能力，以期在敌人火力打击下强行为坦克部队打开一条进攻通道。为此，纳粹德军为战斗工兵配属了装甲战斗车辆。战争期间，纳粹德军战斗工兵部队全部搭乘 Sdkfz 251/7 型工兵突击车等半履带装甲车，可以伴随坦克部队实施机动作战，随时为坦克部队排除各种障碍，甚至直接和坦克一起投入战斗。进攻中，Sdkfz 251/7 型工兵突击车部署在坦克部队的后面，跟随坦克一起前进，当遭遇未知雷区和反坦克壕沟等障碍时，Sdkfz 251/7 型工兵突击车将迅速向前移动，强行打开通道，期间坦克部队为战斗工兵提供火力掩护，完成破障后，坦克部队继续前进，战斗工兵部队继续跟在坦克后面前进。

Sdkfz 251/7 型工兵突击车的防护能力和普通装甲掷弹兵的 Sd.kfz.251 装甲运兵车并无差别，只能承受重机枪子弹的射击，根本无法防御反坦克炮，甚至一般的反坦克枪也能轻易击穿其装甲。而战斗工兵不同于装甲掷弹兵，装甲掷弹兵往往跟随在坦克的后方进行战斗，而战斗工兵却需要在坦克的前方排雷，极易遭到敌人密集的火力打击，因此战斗工兵不得不装备更多的重火力武器来提升其火力强度，掩护工兵作业的展开。纳粹德军战斗工兵不仅仅是专业的辅助兵种，还成为了精锐的战斗步兵，综合战术素养甚至超过了精锐的纳粹德军装甲侦察部队。

博物馆中的 Sdkfz 251/7 型工兵突击车

　　无独有偶，二战时期苏军也有类似的兵种。苏军战斗工兵除了排雷、架桥、修建机场等基本任务外，还具有担负战斗突击任务的能力。当时的苏军战斗工兵装备了 SN-42 防弹衣，这种防弹衣就是将两块优质钢板用皮革固定起来，虽然远不如现代防弹衣先进，但面对爆炸破片、手枪弹、冲锋枪弹时的防护效果不错。在战斗中，苏军战斗工兵利用防弹衣的防护能力担负坚固防线的突击任务，顶着枪林弹雨向前冲锋，堪称"敢死队"。而其他步兵则担负火力掩护的任务，在斯大林格勒战役、柏林战役等战役中，苏军战斗工兵都有着精彩表现。二战中苏军共组建了 20 余个战斗工兵旅，战斗工兵因此成为苏军精锐的象征。

　　时至今日，俄罗斯军队依然继承了这一传统，其战斗工兵除了担负常规工程任务外，也有着重要的战斗任务。俄军战斗工兵有着丰富的爆炸物处理经验和高超的特种战斗技能，厚重的护甲是他们的主要识别特征。与特种部队或者普通步兵相比，俄军战斗工兵的防护等级更高，全身上下各个位置几乎都有防弹能力，可以抵御冲锋枪子弹、远距离小口径步枪弹的攻击，也能抵御手榴弹破片和冲击波攻击。俄军战斗工兵的防护服内部有循环水冷系统，可以帮助他们维持体温，及时带走因为身穿厚重护甲而产生的过多热量，不过这套内衬并没有覆盖到小腿位置，因为那样会对战斗工兵的灵活性造成较大影响。除了厚重的防护服，俄军战斗工兵还会佩戴含防弹面罩的头盔，并装备步枪、机枪、盾牌等武器，以及地质雷达、扫雷机器人等排雷设备。

全副武装的俄罗斯陆军战斗工兵

俄军在遇到敌方坚固防线时，前线步兵会把侦察到的情况上报，申请战斗工兵参战。战斗工兵擅长将敌方防线搅乱，并在混战中夺取阵地。由于战斗工兵的防护服防护性能非常好，所以经常让敌方措手不及。普通步兵会跟随战斗工兵的脚步抢占阵地，为战斗工兵提供火力掩护。

训练中的俄罗斯陆军战斗工兵

俄罗斯陆军战斗工兵正在执行排雷任务

侦察兵和特种兵有何不同

侦察兵和特种兵是现代军队中的精锐，也是单兵作战能力较强的两个兵种。

侦察兵自古以来就是军队中的重要兵种。我国古代军队中负责侦察敌情与反敌方侦察的机动灵活的侦察兵，通常被称为"斥候"，起源时间不晚于商代。由于古代军队的分工不太细致，所以斥候的任务也不只是侦察敌情那么简单，他们同时还要到战场附近打探消息，了解地形地貌、可饮用水源、可通行道路等，并绘制成军事地图。斥候对格斗和武器的掌握强于其他士兵，还十分善于隐藏。必要时，斥候还要秘密消灭敌方岗哨，偷偷潜入敌后，盗取重要文件或刺杀敌人首领。直到军队分工明细后，才有了探子、刺客等名词。

在现代军队中，侦察兵的主要任务是获取敌方重要的军事情报，在战斗前沿侦察敌方的部队番号、人员数量、火力配系及在敌后对敌方重要军事或交通、通信设施等进行侦察、破坏、打击等。侦察分队是部队指挥官的耳目，其所提供的情报是指挥官制订作战计划的重要依据。侦察兵要有过人的军事素质、身体素质、心理素质。侦察兵的行动迅速、灵活，对单兵的体能、敏捷度和综合作战意识都有较高的要求。可以说，侦察兵是常规部队中的"特种部队"。

侦察兵的训练课目包括外语、武装 5000 米越野、400 米障碍、野外生存、投弹、各种武器射击、武装泅渡、侦察战术训练（开辟观察所、架设器材、决定与修改射击诸元等）、拳术训练（捕俘拳、捕俘刀、军体拳、臂功、腿功、倒功、散打、擒拿、捆绑等）、攀爬、手语、旗语、军事地形学、驾驶、心理学、特种技术侦察（雷达侦察、战场电视、照相侦察、摄像侦察等）、空降（空降侦察兵）、审讯与反审讯、侦察与反侦察等。

侦察兵与特种兵有相似之处，但也有着明显的区别。特种兵是掌握了特种作战技能与技巧，肩负特种作战使命（例如对敌占区域实施侦察，对敌方军事目标实施突袭、摧毁、抓捕、刺杀敌方重要人物，营救人质等）的部队。侦察兵则是掌握了侦察技巧与技能，执行渗透至敌占区域，侦察战役发起前敌军动态，侦察敌方军事目标的位置，为己方火炮及空中打击提供翔实的地理坐标和破坏目标，侦察敌军重要军事目标等任务的部队，他们通常没有攻击性任务，相反要避免与敌人遭遇，以防暴露己方作战意图。侦察兵主要是炮兵侦察兵，但一般来说，作战部队都配有侦察兵，特种部队执行任务时也会有专人执行侦察任务。

正在观察敌情的美国陆军侦察兵

荷兰陆军特种突击队士兵

▶▶▶ 武装侦察兵与技术侦察兵有何不同

侦察兵可分为武装侦察兵和技术侦察兵，他们的主要任务是深入敌后，侦察敌方军事目标的位置，捕捉敌方俘虏。武装侦察兵更加强调战斗性，在战斗中获取情报或者实施特种战斗行动，技术侦察兵更侧重于查明情况和对态势的监视。

二战期间，各参战国都重视运用武装侦察获取情报。如苏联军队在 1944 年的白俄罗斯战役中，担负突破任务的 11 个集团军，在长达 500 千米的正面战场组织了战斗侦察，有效地查证了德军防御阵地情况。在现代条件下，世界各国军队虽然广泛运用技术侦察获取敌方情报，但仍然十分重视运用武装侦察掌握复杂多变的战场情况。

一般来讲，武装侦察兵的训练内容包括战斗侦察、火力侦察、捕俘、搜索等武装侦察手段，同时还有观察、窃听、潜听、照相和搜集文件资料等技术侦察技能。战斗侦察，通常由战斗部队、分队以进攻行动，查明敌方阵地虚实、兵力部署、阵地编制、火力配系、障碍设置等情况。火力侦察，是以火力袭击的方法，迫敌或诱敌还击，以暴露其火力配系，从而判明其兵力部署、阵地编制等情况。

武装侦察在战役、战术侦察中均可广泛运用，可从地面、海上或空中进行侦察，既可以战斗的形式强行实施，也可化装深入敌方秘密进行，还可利用各种复杂气象和地形条件活动。武装侦察通常根据侦察任务、敌情、地形，选择侦察目标、时机，适当运用兵力和器材，周密组织协同动作和通信联络，隐蔽而突然地实施。

隐藏在草丛中的美国陆军侦察兵

空降兵为何受到各国军队的高度重视

空降兵是指以伞降、机降方式投入地面作战的兵种或部队，也被称为伞兵，一般隶属于空军，有的隶属于陆军。空降兵的最高建制单位在大多数国家为师或旅，少数国家为军。空降兵具有空中快速机动能力，能超越地理障碍和地面防线，直接进入敌后进行突然袭击，是用于快速部署和纵深攻击的重要力量，既能配合正面进攻（或登陆）部队作战，也能在敌后独立作战。

空降作战始于一战，德国、法国等国多次在敌后伞降单兵执行破袭和侦察任务。一战中，一些军事专家开始探索建立空降兵的问题。1918 年，美国著名军事思想家威廉·米切尔曾提出用轰炸机群将一个步兵师空降到德军战线后方实施攻击的设想。一战后，运输机、降落伞的发展，为建立空降兵提供了物质基础。苏联于1930 年开始组建空降兵支队，1932 年扩编为空降兵旅。随后，德国、法国、意大利等也相继组建空降兵。

二战中，空降兵迅速发展，并大规模用于作战。战争初期，苏联有 5 个空降兵军，德国有 2 个空降兵师。之后，苏联发展到 10 个空降兵军，德国发展到 1个空降兵集团军（8 个师）。美国、英国、日本于 1940 年开始组建空降兵。战争结束前，美国有 5 个空降兵师和多个独立空降兵团，英国有 3 个空降兵师和多个独立空降兵旅，日本有 1 个空降兵师。战争中，交战国进行了 100 余次各种不同类型的空降作战。

二战后，编有空降兵的国家越来越多，空降兵的编制和装备不断改进，技术水平不断提高，在局部战争中被广泛使用。例如美军在越南战争、入侵格林纳达和巴拿马战争中，苏军在入侵阿富汗战争中，都使用了空降兵。20 世纪 80 年代，世界上近百个国家和地区的军队有空降兵。

空降兵之所以受到世界各国军队的高度重视，主要是因为空降兵有下述三种作用。

（1）**战略塑局**。当国家利益空间面临危机时，空降兵通过远程直达方式快速进入冲突地域，可迅速、有效地处置冲突事态，遏制、压制、挫败对手行动计划，维护国家利益。

（2）**战役造势**。在联合作战中，空降兵通过战役纵深机动作战，夺控战役枢纽地域，割裂敌军部署，实施快速机动打击，构建决定性交战态势，加快战役进程。

（3）**特种破袭**。战场特种破袭是空降兵的重要作战形式，空降兵通过直达夺控或破毁战略战役支撑点，破坏敌方作战体系，达成"以点制面"的战略效果。

英国陆军空降兵

美国陆军第 82 空降师进行跳伞训练

俄罗斯空降兵装备的轻型突击

>>> 狙击手的作战行动有何特点

狙击手是指擅长隐匿行踪，并且能够完成远距离精准狙击任务的射手。狙击手以狙击步枪为主要武器，利用良好的伪装藏身于隐蔽位置，对远距离的特定目标进行狙击，往往要求打到要害，一击毙命。在不同国家，关于狙击手的军事理论也有所不同。大体上来说，狙击手的任务是通过狙杀少数高价值及高威胁性目标，如敌方狙击手、中高阶军官、多人武器操作手（如炮手或机枪手）、通信设备操作员等，以削弱敌方的战斗力。狙击手的典型任务包括掩护、侦察、监视、追踪、狙杀敌军人员，以及反物资与反器材。

不同国家、不同军种的狙击手在训练方式、武器装备、人员编制等方面各有不同，但他们的作战行动却具有以下共同特点。

（1）作战编制较小，行动独立性强

狙击手的作战编制较小，可单人行动，也可由 2～6 人组成狙击小组。在多人编制的狙击小组中，通常编有一名狙击手、一名自动步枪手、一名轻机枪手和一名榴弹发射器手等。更多的时候，狙击小组只有两个人。例如，美军和英军的狙击手编制原则上是三人狙击小组，一人为观测手，一人为狙击手，第三人作为狙击手击杀记录的见证人兼狙击阵地警戒人员。只是由于地形和人力资源的限制，常改为两人小组。此时，观测手兼具了见证人和阵地警戒的职责。

隐藏在建筑物内部的美军两人狙击小组

为了保证射击效果，狙击手距离目标不能太远，同时为了避免暴露己方阵地，还应避开主阵地，游猎时更应远离己方队伍。因此，狙击手具备较强的行动独立性。另外，狙击手在狙击阵地、目标、时机、路线等的选择上，也拥有较大的自主权。

（2）**作战环境艰险，对人员素质要求高**

狙击手的作战环境复杂多变，丛林、山地、沙漠、沼泽和雪地等环境都需要适应。作战时，狙击手要靠近敌人、远离己方主力部队、相互分散，还要防备敌方的反狙击。长时间的潜伏，炎热疲惫、蚊虫叮咬、饥饿口渴在所难免，更难熬的是身体必须保持不动，眼睛片刻不离瞄准镜，时刻保持高度警惕，静待目标出现。

正是由于作战环境艰险，所以狙击手必须拥有出色的体能和心理素质，以及优秀的狙击作战能力。狙击手的训练课目不仅包括基本的武器操作使用要领、各种静／动态射击训练，还包括野外观察与行迹追踪、野外求生、地图判读、情报收集与分析、野外阵地构筑与伪装、进入与撤离路线安排、诡雷布设与反爆拆除、狙击计划的拟订与通信协定等。

精心伪装的英军狙击手

（3）**作战手段独特，作战效费比高**

轻武器的快速射击在现代战斗中往往是对敌人进行压制而不是射杀。用机枪、冲锋枪等武器，杀死一名士兵需要大量子弹，而战场上神出鬼没的狙击手几乎可以做到一枪一命，弹无虚发。

狙击手不仅可以射杀敌方的重要人员，而且还可以起到普通步兵无法比拟的其他战术作用。例如，装备大口径狙击步枪的狙击手可通过对坦克油箱、潜望镜和通信设备的射击使坦克丧失战斗力，也可通过击毁敌方关键军用设备（如天线、发电机等）来迟滞敌方基地的作战行动，还可攻击类似弹药库、油料库、指挥部等薄弱的高价值战术目标。

（4）作战效果复合，身心杀伤兼具

有资深狙击手表示，衡量一个狙击手的成功之处不在于他射杀了多少人，而在于他能对敌人造成何种影响。在苏芬战争中，熟悉山林地貌环境、身穿白色伪装服、脚踏滑雪板在荒郊野外来去自如的芬兰狙击手，给苏军士兵造成了极大的恐惧。二战中，苏军狙击手也严重打击了德军士气。

近年来的局部战争中，狙击手也发挥了极大的心理震慑作用，比如在城市争夺战中，狙击手的作用就非常明显，几名狙击手甚至可以阻止一支部队的前进步伐，为后续的兵力部署提供充足的时间。神出鬼没的狙击手，不仅能直接狙杀敌人，还能让敌人始终处于恐惧状态，扰乱敌人的作战行动。

训练中的加拿大陆军狙击手

>>> 狙击手和精确射手有何区别

在一些国家，其军队的步兵班中都设有精确射手这一角色。由于精确射手与狙击手有一定的相似之处，所以有些人往往将两者混为一谈。事实上，精确射手和狙击手是有区别的，两者承担的职责并不相同。以美国为例，美军在中东陷入治安战（为维持治安而进行的战争）泥潭后，发现狙击手的作用正在不断增长。然而，专业的狙击手需要在狙击手学校经过漫长的培训，并且平时在兵营里也需要远距离靶场进行练习。仅靠专业的狙击手完全不能满足需求，于是美军在班一级的战斗单位中，安排一名枪法特别好的士兵、使用一支精度较高的专门步枪，让其执行一些属于狙击手的任务，这些人便是精确射手。

简单来说，精确射手往往存在于步兵班中，而狙击手通常以营为单位部署（美国陆军"游骑兵"特种部队和美国海军陆战队侦察营中的狙击手是以连为单位部署）。精确射手没有经过狙击手学校的专业培训，不是专业的狙击手。他们只是射击水平较好的一般士兵，通常使用带有望远瞄准镜的步枪，在比一般交战距离稍远的位置上直接用精确火力支援班组战术行动。此外，精确射手还要利用瞄准镜为支援火力（机枪、迫击炮等）提供实时信息。与狙击手相比，精确射手具有更短的射击距离，需要更高的射速。由于精确射手并不具备狙击手的隐蔽技能（所以无法发动突然袭击），他们往往被迫向快速移动的目标射击。

装备 M14 精确射手步枪的美国海军陆战队精确射手

训练中的英国陆军狙击手

Part 03
武器装备篇

　　单兵使用的武器装备，在冷兵器时代主要有刀、枪、剑、戟、矛、盾、盔、甲等，在热兵器时代则主要有枪械、手榴弹、地雷、火箭筒、防弹衣、单兵电台等。进入 21 世纪，单兵装备继续加强系列化、轻量化和多功能化，并向提高威力、模块化和智能化方向发展。许多国家都极为重视用技术集成的方法研制新概念的单兵武器装备。

>>> 广为流行的无托结构枪械有何利弊

无托结构是一种枪机和弹匣位于扳机后方、没有真正意义上的后托的枪械结构设计。这种枪械是枪械史上的重大变革，它并不是真正"无托"，而是有一个内部构造更为复杂的"枪托"——机匣。也就是说，去掉了传统的枪托，直接以机匣抵肩。这种结构实质上是将机匣及发射机构包裹在硕大的枪托内，将握把前置，将弹匣和自动机后置，从而在保持枪管长度不变的前提下，缩短了全枪的长度。这是无托结构最为显著的特点。虽然冲锋枪、霰弹枪、机枪都有采用无托结构的例子，但是常见的无托结构枪械还是步枪。

世界上最早使用无托结构的枪械是 1901 年的桑尼克罗夫特式栓动卡宾枪。1918 年法国造出了第一支无托结构的半自动步枪——弗孔—默尼耶式步枪。1936 年，法国人亨利·德拉克尔设计了一支无托结构冲锋枪。二战后，波兰出身的枪械设计师卡奇米日·亚努谢夫斯基在英国恩菲尔德工厂里设计出了第一支无托结构自动步枪——EM2 步枪。由于设计存在缺陷，上述枪械都没有被大量采用。直到冷战时期，更成功的设计和改进才使无托结构枪械流行起来。1978 年，奥地利联邦军成为世界上第一支采用无托结构枪械作为主要战斗武器的军队。自此以后，很多国家纷纷效仿，包括法国、英国、澳大利亚和以色列等。

无托结构枪械的优点是在相同的枪管长度、有效射程和弹道特性下，缩短了枪械整体长度，减轻了重量。因此方便士兵进出装甲车辆，或在装甲车辆内部操作和向外射击；在城镇、室内等狭窄环境条件下，无托结构枪械在灵活性上也比较有优势，可以同时兼顾在广阔地形（射程）及在城镇、室内、丛林狭窄环境（相对短、灵活、快速反应）中的需要。由于无托结构枪械重心靠近射手身体，所以其转动惯量比较小，所需瞄准时间较短。无托结构枪械的枪身短，力矩也短，因此射手比较容易控制枪身的稳定。由于枪身重心多在或贴近控制扳机的手掌上，有需要时，无托结构枪械比较便于单手携带，有的无托结构枪械甚至可以单手、两点控枪（手与肩头）射击。

当然，无托结构枪械也有不少缺点。它不能随时左右手互换射击，其抛弹壳口相当贴近射手脸部，所以只能在射手的其中一边（左或右）射击；若在另一边射击的话抛出的弹壳会击中射手脸部，所以射手只能在一边射击。而大部分人都习惯以右手控制扳机射击，所以该枪在大量生产时便都设计成以右手控制，例如英国的 SA80 突击步枪，习惯用左手的人必须改为用右手。部分枪械（例如比利时 FN

F2000 突击步枪）使用特殊机构将弹壳推送至枪身前方抛出来解决这个问题，而比利时 FN P90 冲锋枪则是将退弹口设在下方。

　　因为无托结构枪械枪身较短，致使用传统准星进行瞄准的话瞄准基线较短，射击远目标时有所不足，所以通常需要加装光学瞄准具，从而增加了采购成本。无托结构枪械的机匣在枪身尾端，重心也偏后，故射击时枪口容易上跳。如果出现炸膛的问题，射手的面部将会受到严重伤害。此外，无托结构枪械不可采用弹链方式供弹，因为弹链供弹需要保证枪身左右两侧都没有阻碍。对于轻机枪、通用机枪等枪械来说，不能采用弹链方式供弹，就失去了持续的火力优势。

英国 SA80 无托结构突击步枪

比利时 FN F2000 无托结构突击步枪

法国 FAMAS 无托结构突击步枪

比利时 FN P90 无托结构冲锋枪

>>>> 小口径突击步枪为何被各国军队广泛采用

　　二战后期，德国研制出 StG44 突击步枪，这是世界上第一款真正意义上的突击步枪。由于德国濒临战败，StG44 突击步枪在二战中并没有发挥多大作用，再加上自身性能的局限，因此在二战结束后，StG44 很快退出了历史舞台。然而，突击步枪这个枪械大家族中的新成员却并没有因此而夭折。冷战时期，苏联 AK 系列和美国 M16 系列逐渐成为全球突击步枪中的两大代表性枪族。此外，德国、法国、比利时、奥地利和瑞士等国也不乏经典之作，突击步枪的性能越来越出色，在战争中发挥的作用也越来越大。

　　冷战时期，突击步枪的一大发展趋势就是小口径化。美军认为二战期间的 7.6 毫米口径自动步枪在连发射击时精度太低，所以战争结束后便开始研发小口径步枪弹及小口径突击步枪。1964 年，美军将发射 5.56 毫米口径步枪弹的新型步枪命名为 M16 突击步枪，由此拉开了突击步枪小口径化的序幕。

随着 M16 突击步枪在战争中显现出优势，各国看到了小口径突击步枪的优点，因而各国军队掀起了一股突击步枪小口径化的热潮。随着时间的推移，小口径突击步枪逐渐演变成三个系列，即采用 5.8 毫米步枪弹的中国突击步枪、采用 5.45 毫米步枪弹的俄罗斯突击步枪以及采用 5.56 毫米步枪弹的北约国家突击步枪。小口径突击步枪之所以被世界各国军队广泛采用，主要是因为它具有以下优点。

（1）**减轻士兵负重**。使用小口径突击步枪可使士兵在不增加负荷的前提下，大幅度提高弹药携带量，提高其在战场上的火力持续能力，对保障作战胜利具有重要意义。

（2）**提高射击精度**。小口径弹药一个突出的优点是后坐冲量小，这样就方便士兵操作和使用突击步枪，从而提高突击步枪的射击精度和点射命中率。

（3）**增大杀伤威力**。小口径弹药初速高，弹头进入肌肉组织后翻滚、变形，因此其侵彻力和杀伤力也较大。

（4）**扩大杀伤区域**。小口径突击步枪的弹道低伸、直射距离远，故小口径突击步枪在 300 米内的杀伤区域比同级较大口径步枪大得多。此外，士兵在近战时，可不变更表尺进行射击，增强了火力密集度。

（5）**有利于战时后勤供应**。小口径弹药由于体积小、重量轻，使用同样的运输工具时，后勤运输量可成倍提高。所以在战斗时，使用小口径突击步枪可节约大量的人力、物力和财力，有利于后勤供应。

使用 5.56 毫米口径 M16 突击步枪的美军士兵

使用 5.45 毫米口径 AK-74 突击步枪的俄军士兵

步兵单位如何使用通用机枪

20 世纪初，各国自动武器装备逐渐分化为轻机枪、重机枪两大门类。重机枪一般为步兵营、团（二战后降低到连）的火力中枢，负责 1500 米内火力压制，装备三脚架和大量弹药，持续性对敌人进行压制；轻机枪则为连、排的行进间伴随自动火力（后来降低到班），使用两脚架便于机动，和步兵分队一起行进，对友军进行火力支援。因此，在当时的进攻理论中，往往是步兵分队在后方的火炮准备就绪后，在炮兵营的徐进弹幕和己方营、团级三脚架重机枪的掩护下向前推进，直到锋线离开本方固定火力支援范围才停止，然后步兵就地挖掘战壕，以轻机枪继续压制，同时后方重机枪开始拆装向前运输，重新架设后掩护部队继续推进。

由于重机枪的强劲火力，英国、法国在一战后的《凡尔赛和约》中严禁战败的德国持有三脚架水冷式重机枪。德国被迫以各种方式绕开管制，以两脚架轻机枪为名发展新的机枪，但这种机枪预留了三脚架的安装接口，在装配三脚架以及快拆枪管后，这种机枪又可以获得堪比三脚架水冷式重机枪的压制火力。这种"轻重两用机枪"具有出色的通用性，所以被称为通用机枪。至此，现代机枪基本定型。

在二战时期的编制序列中，步兵班通常会装备 1 挺两脚架轻机枪，由 2 人小队操纵，一人为正射手，携带机枪和部分弹药；一人为副射手，携带备用枪管和更多的弹药。当正射手伤亡时，副射手则接替射击。如果两人都不能作战，则由步兵班其他人员接替射击。例如德国步兵班一般是班长和副班长持 MP40 冲锋枪，步兵持 Kar98k 步枪，还有 2 名（有时是 3 名）机枪手，持 1 挺配备两脚架的 MG34/42 通用机枪。在连和营一级，则保留了一战时期的重机枪班编制。例如德国连队里的机枪排有若干个机枪班，一个班有 4 ~ 6 人，拥有 1 挺加装三脚架的 MG34/42 通用机枪和大量弹链。虽然表面上步兵连和步兵班都装备 MG34/42 通用机枪，但连级机枪因为有三脚架，所以能够保证 1200 ~ 1500 米射程，而班一级两脚架机枪只能保证 600 ~ 800 米射程，所以两者是不能互相取代的。

随着各种武器制造技术的发展，冲锋枪、自动步枪、装甲车开始投入战场。由于装甲车能够携带机枪和火炮，而且移动速度远超人力携带的重机枪，所以从二战中后期开始，三脚架重机枪的地位逐渐被步坦协同的装甲车、坦克上的机枪所取代。

虽然装甲部队使步兵中重机枪的重要性不如以往，但由于冷战后各国大量裁撤装甲部队，步兵也向高机动、特种化发展，因此包括美军在内，很多发达国家的军队仍然存在大量不依托装甲力量（尤其是重装甲力量）而遂行作战的问题。在这种背景下，步兵连一级仍然需要一些配备三脚架的中口径机枪。根据 2017 年美军编制表，美军每个连装备 8 挺 M240 通用机枪：营武器排装备 4 挺 M240 通用机枪，武器连装备 8 挺 M240 通用机枪，4 个连及营部连一共装备 36 挺机枪。美军一个正常步兵营有 12 个步兵排，每个排配备 3 挺 M240 通用机枪，每个连配备 1 挺带有三脚架的 M2 重机枪支援。

美军每个 M240 通用机枪组编制有 3 人，包括射手，负责携带通用机枪和射击；副射手，负责携带三脚架，战时负责更换弹链和枪管；弹药手，负责携带备用弹药和步枪，负责警戒。1 个机枪班有 2 个对等火力小组，故美军 1 个机枪班拥有 2 挺配备三脚架的 M240 通用机枪。不过加强给步兵排的时候，大部分 M240 通用机枪射手会选择用两脚架作战。

据调查，虽然多数情况下美军的 M240 通用机枪仍然以两脚架模式作战，但是三脚架的使用频率也很高。在美军步兵单位中，通用机枪是一种"以三脚架机枪编制为日常编制，实战时根据情况在两脚架和三脚架机枪之间切换"的武器。

美国陆军士兵使用 M240 通用机枪

美国海军陆战队士兵使用 M240 通用机枪

常规部队装备的冲锋枪为何越来越少

一战爆发后不久，作战形式便从机动战转为了阵地战，西线战场形成了长度超过 600 千米的筑垒堑壕系统。当时重机枪处于统治地位，防守方占据明显优势，没有人愿意冒着枪林弹雨冲向敌人的壕沟，战局只能僵持下去。

对于攻守双方来说，自己手中的武器没有一件是真正称手的，重机枪虽然可以连续射击，但是需要几个人相互配合才能操纵，而且把重机枪抬出战壕，跟着步兵冲锋根本就是不可能完成的任务；步枪虽然射程远、火力足，但是当时的手动步枪只能单发射击，火力密度不大，持续性也不够；手枪虽然大部分都已经实现半自动，但是射程太近，在 20 米内的极近距离才能发挥作用。双方都迫切需要一种既能像机枪一样进行快速连发射击，又能像步枪一样便于携带的轻武器。在这样的实战需求下，冲锋枪应运而生。

1916 年，德国开始研制使用手枪子弹的自动武器，用于配合渗透突破堑壕的突击战术。这种武器于 1918 年开始批量生产并装备部队，定名为 MP18 冲锋枪，设计者为雨果·施迈瑟，由伯格曼兵工厂生产。冲锋枪是介于手枪和机枪之间的武器，比步枪短小轻便，便于迅速开火，具有射速高、火力猛的优点，适于近战和冲锋时使用。

德国 MP18 冲锋枪

冲锋枪在一战末期最后几场大规模战役中开始显露其价值，德军为执行突击群战术的步兵配备了大量冲锋枪，并且成功对协约国军队造成了威胁。当时，德军的暴风突击队是冲锋枪的主要使用者，他们的标准战术就是以步兵分队的方式，携带 MP18 冲锋枪和手榴弹进行快速突破。在堑壕内的短距离作战中，火力的投射量远比精准度更重要，手持 MP18 冲锋枪的暴风突击队士兵无疑是恐怖的象征。他们被协约国士兵称为"堑壕清道夫"，而 MP18 冲锋枪也被称为"堑壕扫帚"。然而，冲锋枪在战略上的优势尚未完全显露时，一战便宣告结束。因此冲锋枪并未在一战的战场上对当时步兵的作战方式产生全面影响。

二战才真正是冲锋枪发展的黄金时代，这一时期参战各国都设计和生产了大量性能先进的冲锋枪，例如美国的汤普森冲锋枪、德国的 MP40 冲锋枪等。就连在战前将冲锋枪视为"土匪兵器"而不屑生产的英国陆军，也在开战以后大量生产和配发被戏称做"水喉管"的司登冲锋枪，而苏联军队装备的 PPSh41 冲锋枪甚至比步枪还多，有些部队更是将 PPSh41 冲锋枪作为唯一枪械。除了上述强国，个别工业基础较强的小国也研制和装备了冲锋枪，其中最有名的当数芬兰索米冲锋枪，它引领了北欧和苏联的冲锋枪潮流。

二战期间，冲锋枪在战场上大放异彩，成了各国士兵手中最常用的武器，无论是防守阵地，还是发起冲锋，冲锋枪都能起到非常大的作用，极大地弥补了手动步枪火力不足的缺陷。但是，二战末期由德国率先研制的突击步枪仍然成为轻武器历史上的革命性发明，动摇了传统的步枪和冲锋枪在军队中的地位。

美国汤普森冲锋枪

德国 MP40 冲锋枪

英国司登冲锋枪

苏联 PPSh41 冲锋枪

芬兰索米冲锋枪

冷战后期，冲锋枪衍生出新的枪械概念，例如 FN P90 及 HK MP7 等个人防卫武器（PDW）。这是美国在 1986 年提出的轻型枪械计划，要求可以连发射击、操作简单、尺寸和重量不大于当时的制式冲锋枪。PDW 主要用来替换当时北约成员国所装备的制式冲锋枪，并在某种程度上可以代替手枪作为非前线军人的防卫性武器。

从国外单兵武器发展势头来看，常规冲锋枪已被小口径突击步枪所取代，而微型冲锋枪、轻型冲锋枪、微声冲锋枪等仍有用武之地，主要供特种部队和特警队使用。

已有数百年历史的手榴弹为何未被淘汰

　　手榴弹是一种用手投掷的弹药，因 17 ～ 18 世纪欧洲的榴弹外形和爆炸后的弹片似石榴和石榴子，故得此名。尽管现代手榴弹的外形有的是柱形，有的还带有手柄，其内部也很少装有石榴子一样的弹丸，但仍沿用了手榴弹的名称。

　　手榴弹一般由弹体、引信两部分组成。现代手榴弹不仅可以手投，同时还可以用枪发射。按用途，手榴弹可分为杀伤、反坦克、燃烧、发烟、照明、防暴手榴弹以及演习和训练手榴弹，杀伤手榴弹又可分为防御（破片）型和进攻（爆破）型两种；按抛射方式，手榴弹可分为两用（手投、枪发射或布设）、三用（手投、枪发射和榴弹发射器发射或布设）、多用等。

　　手榴弹既能杀伤有生目标，又能击毁、击伤坦克和装甲车辆。它体积小、重量轻，携带、使用方便，曾在历次战争中发挥过重要作用。随着科学技术的发展以及作战思想的改变，手榴弹的地位尽管不如两次世界大战时那样突出，但作为步兵近距离作战的主要装备之一，在现代战争条件下仍具有重要的使用价值。目前，世界各国军队几乎都装备有手榴弹，只是装备的型号、数量以及装备的对象有所不同。

美国 M67 手榴弹

　　手榴弹的优势就是使用灵活，可以说是使用最方便、最灵活的一种单兵武器，其用途也很广泛。手榴弹在防御作战中的效果也很显著，能够有效地打击进攻之敌。美军在防御作战中就是依靠手榴弹的威力阻止敌人进攻。美军在陷入包围时的典型战术就是由多名士兵组成环形防御圈，依托机枪和手榴弹进行防御作战。在对手缺乏重武器的情况下，这个环形防御圈非常有效，而手榴弹是主要的防御武器。

　　手榴弹作为步兵装备的少有的重型弹药，也可以用来进攻。在步兵没有足够强大的攻坚火力时，手榴弹可以起到非常重要的杀伤作用。对处于战壕中的敌人进行打击时，手榴弹的效果远比枪械好。在反轻装甲目标方面，手榴弹也优于步枪，特别是对车辆的打击效果更好。手榴弹既可以设置成绊雷，也可以组合成集束手榴弹，对敌方装甲车、火力点、碉堡等重要目标进行打击。

美国陆军士兵投掷 M67 手榴弹

不人道的地雷为何难以完全禁止

　　地雷是一种埋入地表下或布设于地面的爆炸性武器，具有便于制造、廉价高效的特点。早期的地雷基本上是以杀伤人员和车辆为目标的，但随着战争方式的改变，地雷逐渐成为有效的战术武器，例如破坏交通运输、迟滞敌方进攻、限制敌方行动、防御预警、消耗对方资源等。地雷的种类和型号多种多样，其战术目的和用途也多种多样，例如反步兵地雷、反坦克地雷、反步兵跳雷、区域控制地雷、反人员智能地雷、定向地雷、多用途地雷等。

　　由于战争中地雷可给交战双方军人及平民造成严重的伤害，1997 年 9 月 17 日，国际地雷大会在挪威奥斯陆举行。会议通过了《关于禁止使用、储存、生产和转让杀伤人员地雷及销毁此种武器的公约》。同年 12 月 3 日，121 个国家的代表在加拿大的渥太华签署了这一公约，因此该公约又称《渥太华禁雷公约》。

　　《渥太华禁雷公约》在得到 45 个国家批准后于 1999 年 3 月 1 日正式生效。该公约的宗旨是立即、全面禁止杀伤人员地雷。公约规定，缔约国在任何情况下都不得使用、发展、生产、获取、保留或转让杀伤人员地雷，唯一例外是各国可为排雷培训目的，保留或转让少量杀伤人员地雷；现存的所有杀伤人员地雷将在公约生效后的 4 年内予以销毁，现有雷区在 10 年内清扫干净；各缔约国应将本国执行公约的措施、库存和境内布雷的详细情况及销毁计划等向联合国秘书长提交年度报告；如缔约国之间就履约问题产生疑问，可提出澄清要求，甚至可要求赴该国进行"实情调查"。

从《渥太华禁雷公约》的签署国情况来看，世界各主要军事大国基本没有在公约上签字，并不受公约的约束，因而未来的战争中地雷仍是一种广泛使用的武器。全面禁止杀伤人员地雷的彻底实现可能需要一个漫长的过程，其主要原因有下述两个。

（1）**公约并没有很好地解决对人道主义关切和主权国家正当自卫军事需求的平衡问题。** 地雷具有制造容易、操作简便、造价低廉、隐蔽性较强等优点，是许多国家依然广泛使用的一种有效的防御武器，在阻止敌人进攻和防守己方领土方面仍起着无法替代的重要作用。因此，在目前阶段全盘否认地雷的正当军事价值，有损于一些国家、特别是边境线比较长的一些发展中国家的安全利益。

（2）**扫除和销毁地雷耗资巨大。** 截至 2022 年，在全世界 70 个国家埋有约 6000 种、1.1 亿枚地雷，储约 1 亿枚。虽然每年扫除 10 万枚，但每年的部署量却高达 200 万～500 万枚。据估计，销毁 1 枚地雷需要花费 300～1000 美元，而很多国家难以投入大量经费用于扫除和销毁地雷。

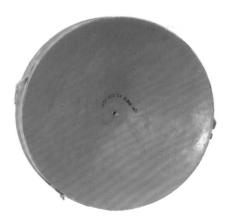

俄罗斯 MON-200 地雷

美国 M18A1"阔刀"地雷

作为步兵重要火力支援的榴弹发射器有哪些类型

　　榴弹发射器是一种发射小型榴弹的轻武器，其体积小、火力猛，有较强的面杀伤威力和一定的破甲能力，主要用于毁伤开阔地带和掩蔽工事内的有生目标及轻装甲目标，为步兵提供火力支援。榴弹发射器集枪炮的低伸弹道和迫击炮的弯曲弹道于一体，可对掩蔽物后（如山丘背后）的目标进行超越射击，也可对近距离目标进行直接射击。榴弹发射器使用的弹种较多，主要有杀伤弹、杀伤破甲弹、榴霰弹以及发烟弹、照明弹、信号弹、教练弹等。

　　榴弹发射器的发射原理可分为三类，即常规发射原理、高低压发射原理和瞬时高压原理。常规发射原理，也称为高压原理，其原理与枪炮相同，发射药直接装在药筒内，击发后火药气体推动弹丸运动做功。此类弹药结构简单、技术成熟，但是膛压高、后坐力大，发射痕迹明显。高低压发射原理是一种高压燃烧、低压膨胀做功的发射原理，其突出特点是火药利用率高、装药燃烧完全、膛压低、后坐力小、噪声低。瞬时高压原理，也称弹射原理，发射时无声、无光、无烟，具有良好的隐蔽性。

美国 M320 肩射型榴弹发射器

　　按发射方式，榴弹发射器可分为单发榴弹发射器、手动榴弹发射器、转轮榴弹发射器、半自动榴弹发射器、全自动型榴弹发射器等。单发榴弹发射器是采用单发式设计的榴弹发射器，可分为肩射型和附加型两种。这类榴弹发射器需要预先装填和手动退壳，没有供弹具，因结构简单、本体轻便而成为主流的榴弹发射器。手动榴弹发射器是采用手动枪机原理设计的榴弹发射器，需要手动上膛，通常装有管状弹仓或弹匣。转轮榴弹发射器使用和左轮手枪类似的转轮原理，但弹巢由发条装置（并非扳机）带动旋转而（榴弹）逐个击发。半自动榴弹发射器为自动装填及退壳、单发射击的榴弹发射器，通常以弹匣为供弹具。全自动型榴弹发射器也称榴弹机枪，与机枪、自动步枪等武器类似，利用火药燃气做功实现自动连续发射。通常采用弹鼓或弹链供弹，配属步兵时一般使用三脚架，也常见架设于各种战斗车辆和直升机以及内河巡逻艇上作为支援火力。

使用 M203 下挂式榴弹发射器的美国海军陆战队士兵

反坦克火箭筒为何深受欢迎

反坦克火箭筒是一种发射火箭弹的便携式反坦克武器，主要发射火箭破甲弹，也可以发射火箭榴弹或其他火箭弹，用于近距离打击敌方装甲目标、杀伤敌方人员、摧毁敌方工事等。反坦克火箭筒多采用肩扛发射方式，也可采用跪姿发射或卧姿发射方式。

在形形色色的反坦克武器中，反坦克火箭筒由于体积小、重量轻、使用方便、破甲效能高，一直被各国军队当作重要的单兵反坦克武器。虽然从 20 世纪 60 年代开始，反坦克导弹逐渐成为反装甲的主要武器之一，但是对于单兵来说，单兵反坦克导弹的成本过于高昂，无法大量装备部队，因此一般步兵的主要反坦克武器还是反坦克火箭筒。

反坦克火箭筒由火箭弹和发射筒两部分组成。火箭弹是发挥威力的战斗部，而带瞄准镜的发射筒，则通过士兵的瞄准赋予火箭弹以一定的发射方向。火箭弹是靠火箭发动机推进的非制导弹药，一般由战斗部、引信、火箭发动机和稳定装置等组成。由于弹头靠火箭发动机的反作用力推进，发射筒不用承受任何压力和后坐力，再加上结构简单、成本低廉，因此世界各国的反坦克火箭筒大多是一次性使用，发射筒兼具包装筒，发射后即可丢弃，有利于步兵轻装战斗。

阿富汗陆军士兵使用 RPG-7 反坦克火箭筒

以瑞典 AT-4 反坦克火箭筒为例，它是预装弹射击后抛弃的一次性使用武器，采用无后坐力炮发射原理。该反坦克火箭筒由发射筒、铝合金文丘里喷管、击发机构、简易机械瞄准具、肩托、背带和前后保护密封盖等部件组成，发射筒由铝合金内衬外绕浸涂合成树脂的玻璃纤维制成。AT-4 反坦克火箭筒的突出特点是采用高低压药室结构，发射药装在高强度铝合金高压室内，固定在发射筒尾部中央。发射时，发射药在高压室内充分燃烧，形成高压，然后进入低压室（铝制内衬发射筒）内，并在低压下膨胀做功，拉断高压室与弹丸之间的锁销，将弹丸射出。

AT-4 反坦克火箭筒配用空心装药破甲弹，其战斗部的主装药为奥克托金，采用铝或铜铝复合药型罩，经过优化设计，破甲后能在车体内产生峰值高压、高热和大范围的杀伤破片，并伴有致盲性强光和燃烧。引信的脱机雷管安全装置，可防止意外起爆。

AT-4 反坦克火箭筒作为单兵无后坐力反装甲武器，不仅造价便宜，还能有效地对付高价值的坦克、装甲车辆、登陆艇、直升机、飞机和碉堡工事，同时还能减轻后勤负担，可以说是一款性价比极高的单兵反坦克武器，所以获得了多个国家的认可。

AT-4 反坦克火箭筒

》》》 单兵云爆弹为何是攻坚利器

云爆弹是一种燃料空气弹药，也被称为空气炸弹、燃料空气弹。云爆弹的内部并不像其他炸弹一样装的是高性能炸药，而是燃料。

云爆弹的爆炸过程是：当云爆弹被投放或发射到目标上空时，在特种引信的作用下引爆母弹，将弹体中的燃料均匀散布在空气中，与空气充分混合形成悬浮状态的气溶胶，并在目标上空聚集，状如浓雾。当气溶胶达到一定浓度后，引信在空中进行二次引爆，整个雾团发生爆炸，瞬间释放出大量热能，形成高温高压的火球。其温度通常在 2500℃左右，并以 2000 ～ 2500 米/秒的速度迅速膨胀，达到毁伤目标的目的。

云雾爆轰对目标的破坏作用主要是依靠爆轰产生的超压和温度场效应，以及高温、高压爆轰产物的冲刷作用。虽然没有普通炮弹造成的破片杀伤，但是云爆剂比等质量的炸药释放的能量高得多，其爆轰过程时间最多可延长到 140 微秒左右，其爆炸的正压作用时间比一般炸药的爆轰时间长几十倍，这样产生的爆炸冲击波能破坏相当大面积的军事目标。并且爆轰波可以在墙壁之间进行反射叠加，超压值会远高于在开阔空间的指标，所以云爆弹的杀伤作用在密闭空间内更强。

云爆弹诞生之初是以直升机作为机载平台，到达预定区域上空将云爆弹投下，在下降的过程中会有降落伞进行减速。到达一定的高度后内部常规炸药爆炸将可燃物散布到空气中，然后再由延时引信点燃。但云爆弹的使用有很多限制，它不能在投放的瞬间爆炸，会受投放地环境的影响，温度、湿度、空气流动速度都会影响气溶胶的浓度，如果出现哑火的情况，就需要二次发射火箭弹进行引燃。所以云爆弹最适合在室内使用，或者说是地下的永备工事或半永备工事内使用，这些地方密闭性较好，可使云爆弹的缺氧效果达到最大。

目前，一些国家成功研发了单兵云爆弹，解决了早期云爆弹易受投放地环境影响的缺陷。单兵云爆弹通常采用边抛洒云爆剂边爆炸的方式，还添加了镁粉、铝粉等高温反应速度较慢的特殊金属，除非天降大雨，否则潮湿环境和大风天气都很难影响其效果。在配置上，单兵云爆弹并不占编制，是一种发射完即可抛弃的武器，在一般作战时可以临时配发至步兵班排一级作为火力补充，而且一般伴随步兵进行机械化运输，在发生战斗时步兵可快速从车内拿取并进行攻击，是一种用于机械化步兵作战城市攻坚战的利器。

无论是面对躲藏在山区地道还是在城市建筑物或者是驻守在永备工事内的敌方有生力量，单兵云爆弹都是高效的作战武器。在让装甲部队颇为头疼的城市战中，伴随坦克作战的步兵可以使用单兵云爆弹快速肃清躲藏在建筑物内的敌人，使步兵部队迅速控制街区，从而保障机械化力量快速而有力的突击。

澳大利亚军队测试云爆弹

>>> 温压弹为何被称为"亚核武器"

　　温压弹是采用温压炸药（富含铝、硼、硅、钛、镁、锆等物质的高爆炸药），利用空气炸药的温度和压力效应提高爆轰威力、产生杀伤效果的武器。它是在云爆弹基础上研制发展而成的新型武器，虽然其基本概念和作用原理与云爆弹相似，但其燃料成分有了较大的变化，其特点是杀伤隐蔽目标能力强，特别适合对付隐蔽在地下或洞穴内的各种目标；爆轰时产生较高的温度和压力；爆轰冲击波作用时间长、威力大。

　　温压弹属于常规武器，但却具有超常规的杀伤威力和毁伤效果，由于温压弹在密闭空间内使用的杀伤效果更加显著，因而特别适合杀伤洞穴、地下工事和建筑物中的人员。相比于大规模杀伤性武器而言，温压弹破坏力巨大，成本又不高，故也被称为"亚核武器"。温压弹可以做成炸弹，也可做成单兵榴弹、火箭弹或导弹。

　　温压弹的结构因其种类不同而异，主要由弹体、装药、引信、稳定装置等组成。温压炸药是温压弹有效毁伤目标的重要组成部分，其中药剂的配方尤为重要，需要通过模拟与试验最终确定。引信是温压弹适时起爆和有效发挥作用的重要部件，当温压弹用于对付地下掩体目标时，则要求引信在弹药贯穿混凝土之后引爆，才能发挥最佳效果。对主要用于侵彻掩体的温压弹来说，要求有较好的弹体外形结构，弹体的长细比大，阻力小，且弹体材料要保证在侵彻目标过程中不产生破坏。以美国研制的 BLU-82B 温压弹为例，其结构仍与 BLU-82 云爆弹类似，由弹体、引信、稳定伞、含氧化剂的爆炸装药等部分组成。

　　温压弹的杀伤效应主要体现在高压冲击波和热杀伤上，其次是冲击波与建筑物等物质相互作用时产生的碎片以及有毒气体与烟雾所导致的窒息。在这些杀伤效应中，对人员而言最致命的莫过于冲击波，世界军事研究表明，温压弹冲击波会导致神经、血液等组织发生化学异变。

　　温压弹主要是用来杀伤有限空间（洞穴和山洞）内的敌人，在洞穴和山洞内引爆后，氧气会被迅速耗尽，爆炸产生的高压与冲击波席卷洞穴，彻底杀死洞内人员以及破坏关键设备和电子设施，同时不毁坏洞穴和山洞，保持洞口完好无损。温压弹爆炸时不仅可在瞬间释放出大量热量，更可形成温度高达 2500℃、以 2000 米 / 秒膨胀的高温高压炽热火球，同时还可在作用范围内形成缺氧区域，达到恐怖的杀伤效果。

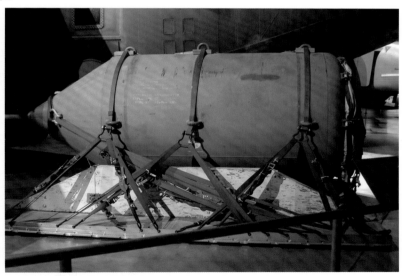

BLU-82B 温压弹

▶▶▶ 装备先进的现代军队为何还要使用冷兵器

冷兵器一般指不利用热能打击系统（火药、炸药）、热动力机械系统和现代技术杀伤手段，在战斗中能够直接杀伤敌人、保护自己的武器装备。火器时代开始后，冷兵器已不是主要的作战兵器，但因具有特殊作用，故一直沿用至今。在现代军队中，仍被大量使用的冷兵器主要有刺刀、战术刀、匕首、工兵铲等。

不同于冷兵器时期，现代战争中的冷兵器不再需要大杀四方、伤敌无数，它们主要作为辅助武器，朝着轻巧便携的方向发展。与枪械相比，冷兵器的性价比极高，制造一把手枪的费用可以制造多把匕首或刺刀。随着制造水平的提升，冷兵器的杀伤力也不容小觑。以刺刀为例，现代刺刀普遍带有血槽。这种设计不仅可以节省材料、减轻刀身重量，还能增加刀刃强度。最重要的是血槽可以平衡压力和放血，一把没有血槽的刺刀刺入人体后，如果不及时拔出，暂时不会导致大出血，抢救及时还能生还。但有血槽的刺刀刺入人体后，血会顺着血槽向外冒甚至喷射，人会因为迅速大量失血而死亡。另外，没有血槽的刀刺入人体后不易拔出，而有血槽的刀刺入人体后不会被肌肉完全包裹，故很容易拔出。

冷兵器拥有不俗的杀伤力，并且轻便小巧，现代战争中虽然不会作为主力武器，但是它们的功能无法取代。在执行一些暗杀、潜行任务时，冷兵器的效果远比我们想象的要好得多，毕竟刺刀断刃可比子弹卡壳的概率小得多，加上没有弹药的限制，冷兵器更能持续作战。就像科幻电影《星河舰队》中士兵与长官的对话一样："长官，我不明白，在核战争中我们只需要按下一个按钮就能解决战斗，何苦要练匕首？"长官转身对他说："敌人的手掌受伤就不能按下按钮。"

美军装备的 M9 刺刀

　　冷兵器还有一个作用就是培养士兵的血性和胆气。冷兵器蕴含着一支军队历代传承下来的战斗精神。两军对垒，在武器装备势均力敌的前提下，最后比拼的就是交战双方士兵的血性和胆气。精神和士气，无论是在古代军队，还是在现代军队，都是一支军队的军魂。战场上，当一名士兵面对张牙舞爪的敌人，如果他连挺起刺刀、奋力突刺的勇气都没有，即使给他最先进的武器装备，也难以取胜。

俄军装备的 AKM 刺刀

单兵电台的出现有何重要意义

　　单兵电台的正式名称为单兵手持无线电通信系统，它可为作战单位在战场环境中迅速可靠地传递信息、共享情报，为态势感知提供必要保障。

　　单兵电台的出现是战场通信的一次飞跃式发展。过去步兵的无线电通信只延伸到班级，电台一般只装备到班长。第一次海湾战争期间，多国联军班内士兵通信基本仍沿用二战中的老方法，即用喊声和手势传递信息。这种情况远远落后于民用通信。随着"士兵是一个系统"概念的出现，在这个系统中纳入电台的构想得到广泛认同，因此，各国提出的士兵系统计划无不把单兵电台作为重要设备。

　　单兵电台的优点主要表现为：它使战斗中的单兵能迅速可靠地传递信息、共享信息，指挥效率和单兵态势感知能力大大提高；它把单兵联入了数字化战场，使单兵能获得数字化战场上骨干网络的支持，实施以网络为中心的作战。依靠这些优势，单兵的杀伤力和生存力将得到空前的提升。

以美国陆军为例，每名士兵都装备了美国哈里斯公司研制的 AN/PRC-163 电台。该电台具有双通道通信能力，通过不同频段之间的转换来支持组网通信，能支持上下级单位之间联网的语音、数据与视频传输。整机采用小型化设计，为士兵在移动中通信提供了尺寸、重量和功耗较低的解决方案，在无须携带多种配套设备的同时，可以满足多种任务需要，有效确保了手持电台的灵活性和可靠性。

与美军以往装备的具有相同充电系统和配件的哈里斯 AN/PRC-152 电台相比，AN/PRC-163 电台还包含了一个具有增强功能的用户交互界面。其不仅为关键信息的实时共享提供了可靠保障，也增强了手持电台的战场利用效率和单兵通信实效性。同时，AN/PRC-163 电台内置"移动用户目标系统"军事通信卫星端口，能够联入跨越全球的国防信息网络，并支持软件升级，以更好地适应未来复杂多变的战场环境。

此外，AN/PRC-163 电台的可靠性、超视距通信能力、抗干扰能力较以往都有了很大提升，且具有实时的数据交换速率。其拥有多用途和加密的双通道线路，在提供上下级单位之间通信的同时，还能在频带之间进行跨带操作。此外，该电台的频道分为低和高两个频道，其中相互重叠的特高频和卫星通信频道能够有效增强电台使用的机动性与灵活性，帮助士兵有效应对多频带通信的电磁环境，并将战场环境中各个分散的"目标"单元快速高效聚合，使打击效果最大化。

正在使用哈里斯 AN/PRC-152 电台的美国陆军士兵

装备哈里斯 AN/PRC-163 电台的美军特种兵

现代战争中士兵如何识别敌我

　　战争历来都是残酷的，战争中部队遭受的伤亡并不都是因为敌人的攻击，还有一部分伤亡是源自友军误伤。根据军事专家对战争中的伤亡数据分析来看，战争中的友军误伤比例一般为10%左右。友军误伤事件，一般都是因为身份识别有误所致。因此，古今中外的军队都非常重视敌我识别的问题。

　　冷兵器时代，最直接的敌我识别方法就是根据盔缨和铠甲的样式判断敌我，另外，军旗也是重要的敌我识别标识。对外族作战时，还可以根据口音、发髻、相貌等特征来区分敌我。当盔甲配给不足时，也可统一穿戴某种特征鲜明的服饰，或在身体某个部位打上同一种标记，以此来辨别敌我。例如，西汉末年的"赤眉军"把眉毛染成红色，东汉末年的"黄巾军"头上围着黄色头巾，元朝后期的"红巾军"以红巾、红袄、红旗为标记。这些简单的方法解决了白天作战时的敌我识别问题。为了在夜间也能分辨敌我，人们又发明了声音识别法，最常用的就是"口令"，军队站岗放哨都要用事先约定的口令来分辨敌我。

当然，上述敌我识别方法都存在一定的缺陷。盔甲有可能无法全员配备，军旗有可能在战斗激烈时被焚毁，口音和发髻等特征有可能被刻意掩饰，口令也有可能被敌人模仿或出现口令不一致的失误。但是，对于冷兵器时代的军队来说，即便敌我识别出现失误，所造成的伤害也相对较小。

到了热兵器时代，随着武器打击精度的空前提高和破坏威力的不断增强，敌我识别失误的后果越来越严重。机械化、信息化武器装备的不断出现，导致战争进程加快，敌我双方对抗常常是高科技武器的远程厮杀，作战形态常常是非接触样式，在这种情况下，单靠人类自身的感官和思维去判断敌我，已远不能满足作战需求。因此，运用无线电技术而发明制造的敌我识别器应运而生，即用电子方法产生"电子口令"来实现远距离敌我识别。

敌我识别器与雷达具有同样悠久的历史。1935年英国空军司令部首次提出了要攻击敌方飞机，首先要用无线电手段识别是"友"还是"敌"。敌我识别器大多与雷达协同工作，识别的"友""敌"信息通常可在雷达显示器上标明。敌我识别器一般由询问器和应答器两部分组成并配合工作，其工作原理是询问器发射事先编好的电子脉冲码，若目标为友方，则应答器接收到信号后会发射已约定好的脉冲编码，如果对方不回答或者回答错误，即可认为是敌方。

虽然敌我识别器有效降低了战争中的误伤概率，但它也并非无懈可击。敌我识别器有可能受到敌方的电子干扰，也有可能发生故障。例如，伊拉克战争中，一架英军"狂风"战斗机在返回途中，遭到美军"爱国者"导弹的拦截，导致机毁人亡；此后，美军一架F-16"战隼"战斗机在执行任务时又误炸了自己的"爱国者"导弹阵地。造成这些误伤事件的原因是多方面的，但其中一个重要因素就是敌我识别器出现了问题。

21世纪，信息战、网络中心战、非接触作战、精确打击等作战样式层出不穷，战场形势瞬息万变，而在最短的时间内做出最准确的判断是一件非常复杂的工作。因此，敌我识别问题变得越发重要。世界各国都在积极研制新型敌我识别装备，如红外夜视技术敌我识别系统、空中敌我识别系统，舰载敌我识别系统询问器、通用型敌我识别器、单兵敌我识别系统等。其中，红外夜视技术敌我识别系统是给己方目标装备专门的反射红外光装置，在夜晚，标准夜视镜的观察范围可达8千米，这就较好地防止了误伤。

在单兵敌我识别系统方面，技术较为成熟的国家是美国。目前，美军正在研制两种单兵敌我识别系统，包括徒步式单兵作战识别系统和"陆地勇士"作战识别系统。前者主要提供给没有装备"陆地勇士"系统的普通步兵，它包括武器系统和头盔系统。头盔系统含有4个激光探测器、1个射频发射机和4副平面阵列天线。

武器系统含有 1 个激光询问器和 1 个射频接收机。该系统装在枪管上，与武器的瞄准线同轴，启动开关装在左侧，不会影响士兵射击。战斗中，激光询问器发出激光询问信号，被询问方头盔接收到询问信号后则会发出应答信号。如果双方信号一致，询问开关便会自动停止发信，同时询问开关振动，将询问结果传达给士兵。而"陆地勇士"系统则采用先进的光电成像技术，敌我识别力更强。

美国陆军士兵展示"陆地勇士"单兵作战系统

　　除美国外，英国、法国、德国和俄罗斯等国也在大力研发各种提高敌我识别效能的新装备，如激光雷达、毫米波传感器、无源探测系统、多传感器组合、红外激光信标等，涉及声、光、电等各领域。从发展趋势来看，未来的敌我识别系统应能满足三军使用，强调通用性和标准化，特别是改进型要与早期产品兼容。此外，为适应激烈复杂的电子对抗环境，抗干扰性能将是衡量产品优劣的重要指标。其技术发展方向如下：一是不断改进密码技术。要求敌我识别器能够迅速更换密码组合，能根据需要随时更换密钥，以保证系统的安全性。当敌我识别信号被敌方破译后，能够很快生成新的密码。二是开发数据融合技术。采用融合技术，使敌我识别器与其他探测器进行数据融合，将多种传感器获得的信息在敌我识别器上进行相关判决处理，进一步增强敌我属性的识别力。三是采用扩频与时间同步技术。采用扩频技术是将信号频谱扩展在较宽的频带上，使敌方不易接收和干扰。

　　未来的敌我识别技术，将是各种体制、技术、设备的综合运用。但由于这些系统仍然要靠人来操作，所以其可靠性也与人密切相关。值得一提的是，针对敌我识别技术的迅猛发展，其对抗技术也在不断地创新，重点是密码破译。一是运用计算机技术破译敌方密码的结构、加密算法及所使用的密钥，并有效实施欺骗干扰；二是瞄准扩频侦收；三是探索综合干扰。

装备 IdZ 单兵作战系统的德国士兵

▶▶▶ 现代军队如何在漆黑的夜晚作战

　　无论古今中外，在战场上军人都十分重视利用夜幕掩护，夺取白天难以拿下的阵地。二战时期，美军就经常在夜间遭到日军的袭击。时至今日，夜战已经成为各国军队的主要作战方式。优势一方凭借先进的夜视装备，可以实现夜战场"单向透明"，全面掌控夜战主动权。

　　在夜暗环境中存在着少量的自然光，如月光、星光、大气辉光等。因为它们和太阳光比起来十分微弱，所以又叫做夜微光。人眼视网膜的感光灵敏度不高，在微光条件下不能充分"曝光"。这是造成人类在夜暗环境中不能正常观察的一个主要原因。夜暗环境中，除了有微光存在外，还有大量的红外光。地球上一切高于绝对零度的物体每时每刻都在向外发射红外线，所以无论白天黑夜，各种作战环境中都充满了红外线。但红外线不论强弱，人眼都不能看到。夜视装备就是利用微光和红外线这两种自然条件，把来自目标的人眼看不见的光（微光或红外光）信号转换成电信号，然后再把电信号放大，并把电信号转换成人眼可见的光信号。这种转换是一切夜视装备实现夜间观察的共同途径。

目前，各国军队使用的夜视仪可分为主动式和被动式两种：前者用红外探照灯照射目标，接收反射的红外辐射形成图像；后者不发射红外线，依靠目标自身的红外辐射形成"热图像"，故又称为"热像仪"。

主动式夜视仪不受照度的限制，全黑条件下也可以进行观察，且效果很好，价格也便宜。然而，主动式夜视仪不能远视，在观察时很容易被敌方发现，从而暴露自己。被动式夜视仪是根据一切高于绝对零度的物体都有辐射红外线的基本原理，利用目标和背景自身辐射红外线的差异来发现和识别目标的仪器。由于各种物体红外线辐射强度不同，从而使人、动物、车辆、飞机等能够被清晰地观察到，而且不受烟、雾及树木等障碍物的影响，白天和夜晚都能工作。

以美国为例，美军士兵配备的主要夜视装备为 AN/PVS-14 夜视仪。该夜视仪仅重 0.4 千克，观察距离为 150 米，既可安装到头盔上用单眼观察，也可手持观察或安装到步枪上。不需要的时候，士兵可以轻易将其从头盔上取下来。独特的防水设计使其可以在 20 米深水下使用。

值得一提的是，夜视仪是一种精密而脆弱的仪器，必须小心保护，以免影响作战行动。夜视仪忌讳在亮光下使用，虽然夜视仪在超载时会自动切断回路来保护设备，但暴露在强光下会缩短夜视仪的使用寿命。而暴露在雨、雾甚至高湿度环境中也会损坏夜视仪。考虑到其大多是在晚上使用，夜视仪的设计使它可以承受短时间的强光照射或适应潮湿环境，但无法长时间使用。另外，夜视仪中有非常精密的真空管，因此务必小心持握，防止发生碰撞。

美国 AN/PVS-14 夜视仪

安装在头盔上的 AN/PVS-14 夜视仪

与步枪光学瞄准镜配合使用的 AN/PVS-14 夜视仪

红外热像仪的工作原理和优点是什么

对于侦察兵、狙击手等兵种来说，侦察、追踪和监视是经常会碰到的任务。为了成功完成此类任务，侦察兵、狙击手需要借助先进的探测装备，红外热像仪就是其中之一。红外热像仪是一种利用红外热成像技术，通过对标的物的红外辐射探测，并施加信号处理、光电转换等手段，将标的物的温度分布的图像转换成可视图像的设备。

红外热像仪通常由光机组件、调焦/变倍组件、内部非均匀性校正组件（以下简称内校正组件）、成像电路组件和红外探测器/制冷机组件组成。光机组件主要由红外物镜和结构件组成，红外物镜主要实现景物热辐射的汇聚成像，结构件主要用于支承和保护相关组部件；调焦/变倍组件主要由伺服机构和伺服控制电路组成，实现红外物镜的调焦、视场切换等功能；内校正组件由内校正机构和内校正控制电路组成，用于实现红外热像仪的内性校正功能；成像电路组件通常由探测器接口板、主处理板、制冷机驱动板和电源板等组成，协同实现上电控制、信号采集、信号传输、信号转换和接口通信等功能；红外探测器/制冷机组件主要将经红外物镜传输汇聚的红外辐射转换为电信号。

正在使用红外热像仪的美国陆军官员

由于红外热成像技术是一种对目标的被动式的、非接触的检测与识别，因而隐蔽性好，不容易被发现，从而使红外热像仪的操作者更安全。红外热成像技术的探测能力强，作用距离远，士兵可在敌方防御武器射程之外实施观察。手持式及装于轻武器上的红外热像仪可让士兵看清 800 米以外的人体，而瞄准射击的作用范围可达 2000 ～ 3000 米。此外，红外热成像技术能直观地显示物体表面的温度场，不受强光影响，可在有遮挡物（如树木、草丛等）的条件下进行监视。红外热像仪可以在完全无光的夜晚，或是在雨、雪等烟云密布的恶劣环境中，清晰地观察到所需追踪的目标，从而真正做到 24 小时全天候追踪。

>>> 美军士兵装备的 GPS 接收机有何特别

古往今来，行军作战，大军纵横奔驰，导航定位是不可或缺的。如果搞不清楚自身、友军和目标的位置方向，就无法进行作战。通过长期的实践，人类总结了大量通过观察星象、太阳、植物等进行定向的方法，之后是利用地磁原理的指北针。

但是直到航天技术发展带来的全球卫星定位系统实用化之后，人类才第一次真正具备了实时查询目标所在精确坐标的能力。

全球卫星定位系统是一种以人造地球卫星为基础的高精度无线电导航的定位系统，它在全球任何地方以及近地空间都能够提供准确的地理位置、车行速度及精确的时间信息。目前，美国、俄罗斯和欧洲一些国家和地区都建立了自己的全球卫星定位系统，但就技术而言，美国建立的全球定位系统（Global Positioning System，GPS）处于领先地位。

目前，美军士兵主要装备 AN/PSN-13 军用双频接收（L1 及 L2）可加密 GPS 手持接收机，其外形小巧，高 163 毫米、宽 89 毫米、厚 41 毫米，上部分

AN/PSN-13 接收机

屏幕处略宽，下半部按键处略窄，可以放进双联单 M16 匣包中，同时重量较轻，仅 0.43 千克，与普通民用 GPS 手持接收机相差不大。AN/PSN-13 接收机采用可选择 / 反欺骗模块（Selective Availability/Anti-Spoofing Module，SAASM），接收加密的 P（Y）码 GPS 信号，并可利用接收机自主进行完整性监测，兼容广域增强系统（WAAS）。卫星信道数量为 12 个，抗干扰性能为 41dB，开机后的首次定位时间（TTFF）仅为 100 秒，随后的连接时间小于 22 秒。AN/PSN-13 接收机采用 4 节电池供电，续航时间为 14 小时，平均无故障时间为 5000 小时。分辨率较高的 LCD 显示屏使 AN/PSN-13 不仅可以显示数字信息，也可以模拟仪表显示指北针甚至地图图像。

正在使用 AN/PSN-13 接收机的美国陆军士兵

制式作战服与普通服装有何不同

　　作战服是军人在作战、训练、劳动和执行军事勤务等特殊环境下穿着的制式服装，有的国家也称为武装服、作训服、作业服、野战服等。其主要特点是轻便耐用，具有良好的防护性能，适应战场活动和平时训练的需要。按类别分，有基本作战服和特种作战服；按保护色分，有单色普通作战服和多色组合迷彩作战服。作战服通常是官兵通用，多采用合成纤维与棉花混纺织物制作，也有的用纯棉织物和经过特殊处理的纯化纤织物制作。

不同样式的美国海军陆战队作战服

与常服和礼服不同，作战服首先考虑的是舒适性、防护性和隐蔽性等实用性能，并不追求外形美观。过去，作战服的主要功能是为士兵抵御雨、雪、风、严寒、酷暑等环境侵害，使士兵能行动自如。随着化学、生物、热核等杀伤性更强的武器、小型侦视装备和传感系统的发展，各国军队对作战服的要求显著提高：要能各种恶劣环境都能承受严重磨损，拉伸强度和撕破强度高，耐磨损；要能防水、遮风、挡雪和防虫；要重量轻，穿着方便，热应力小，透气、透湿、排汗和散热性能好；要能防弹、阻燃，抗化学剂和抗生物剂。

除上述要求外，伪装功能也是各国军队尤为看重的一点，这也是各国军队大多装备迷彩作战服的主要原因。在战争中，只有巧妙地隐蔽自己，方能出其不意地杀伤敌人，也只有隐蔽自己才能免遭敌方火力的攻击。迷彩作战服是由绿、黄、茶、黑等颜色组成不规则保护色图案用于伪装的军服。士兵穿着迷彩作战服，可以减小人体与背景在光学、热红外、微波波段等方面的反射或辐射能量差别，能够隐蔽人体和降低人体的显著性。迷彩作战服不仅能躲避肉眼和光学侦察器材的光谱侦察，而且可以降低微波侦察、热红外侦察和多光谱侦察的效果。士兵穿着迷彩作战服能够较好地隐蔽己方的战术企图，大大降低被敌方火力杀伤的可能性。

　　迷彩作战服的历史可以追溯到 20 世纪 20 年代后期。一战以后，各种光学侦察器材的出现，使穿着单一颜色军服的士兵很难适应多种颜色的背景环境。1929 年，意大利研制出世界上最早的迷彩作战服。1943 年，德国为部分士兵装备了三色迷彩作战服，这种迷彩作战服遍布形状不规则的三色斑块，从视觉效果上分割了人体外形，从而达到伪装变形的目的。德军的迷彩作战服在实战中获得了很好的效果，各国军队纷纷仿效，并对迷彩的颜色和斑块的形状进行研究改进。20 世纪 60 年代以后新研制的迷彩作战服采用合成化学纤维制成，不仅在防可见光侦察方面比原先的棉布材料更先进，而且由于在色彩染料中掺进了特殊的化学物质，使迷彩服的红外光反射能力与周围景物的反射能力大体相似，因而增强了一定的防红外光侦察的伪装效果。时至今日，迷彩作战服由原来的两色、三色发展到四色、五色、六色，由只能防可见光发展到防红外、雷达等侦视，由单纯的防侦视功能发展到防紫外辐射等，由模仿自然色向变色技术方面发展。

　　未来迷彩作战服的发展趋势主要是跟上现代侦视技术的进步，一是向多色光谱方向发展，即在具有防可见光、激光夜视、近红外光学性质的同时，兼有防中远红外、防雷达等多谱伪装功能，并向变色隐形材料方面发展；二是向多功能发展，既具有伪装功能，又具有防风、防水、防寒、防化学、防核辐射功能，从而使迷彩作战服的应用范围更广、实用价值更高。

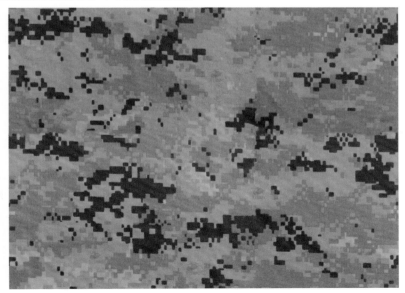

美国海军陆战队森林迷彩作战服的图案

身穿沙漠迷彩作战服的美国陆军士兵

防弹衣的防弹原理是什么

防弹衣，又称避弹服、防弹服、防弹背心等，主要用于防护弹头或弹片对人体的伤害。防弹衣的产生几乎与火药枪的发展同步，美国南北战争时期，美军就装备了重约 3 千克的胸甲，用来防御毛瑟枪弹。一战时，英军将一种重达 9 千克的钢制防弹衣装备给机枪手、工兵、哨兵等特殊作战人员。之后，其他国家也纷纷开始研制第一代防弹衣。二战时期，各国对防弹衣的研制越来越重视。两次世界大战中的胸甲和防弹衣主要是由钢或合金钢制作而成，因过于沉重，穿着后行动不便，所以步兵基本无法使用。

直到 20 世纪 50 年代，人们所考虑的防弹衣材料才跳出了金属材料的圈子。美军首先试验使用尼龙这类软质合成纤维材料制作防弹衣。实验表明，多层特制尼龙纤维可取得一定的防弹效果。当弹丸击中防弹衣时，纵横交织的多层尼龙纤维像网一样裹住弹丸，弹丸继续运动的话就必须拉伸尼龙纤维，尼龙纤维的张力降低了弹丸的运动速度，消耗并吸收了弹丸的动能。由于弹片的动能和运动速度一般比弹丸低得多，所以尼龙防弹衣对弹片的防护作用更明显。与两次世界大战时期的简易防弹衣相比，尼龙防弹衣的防护力已经得到了很大提高，但重量方面还有很大的改进余地。20 世纪 70 年代，美国杜邦公司研制出以超高强度纤维制成的防弹衣，重量仅 3 千克，防护力却不逊于金属材料。21 世纪初，美军在伊拉克战场上使用了采用模块化设计、以 KM2 高强度芳纶合成纤维为防弹层材料的"拦截者"防弹衣。

时至今日，防弹衣的品种和型号越来越多，防护力也更加出色。按防护等级，可分为防弹片、防低速子弹、防高速子弹三级；按款式，有背心式、夹克式、套头式三种；按使用对象，可分为步兵防弹衣（装备步兵、海军陆战队等，用于防护各种破片对人员的伤害）、特殊人员防弹衣（主要供执行特殊任务时使用，在步兵防弹衣基础上增加了护颈、护肩、护腹防护功能，增大了防护面积。前身和后背设置有插板袋，用以加插防弹插板，增强防弹性能）、炮兵防弹衣（主要供炮兵在作战时使用，可防护破片和冲击波伤害）等；按原料，有软体、硬体和软硬复合体三种。

身穿防弹衣的俄军士兵

软体防弹衣的防弹层一般采用多层高强度高模量纤维织物加缝线衍缝或直接叠合而成。当枪弹、破片侵彻防弹层时产生方向剪切、拉伸破坏和分层破坏，从而消耗其能量。

硬体防弹衣的防弹层通常采用金属材料、高强度高模量纤维用树脂基复合材料加温加压而成的层压板、防弹陶瓷与高强度高模量纤维复合板制成。采用金属材料的防弹层，主要通过金属材料变形、碎裂来消耗弹体能量。高强度高模量纤维防弹层压板的防弹层，通过分层、冲塞、树脂基体破裂、纤维抽拔和断裂来消耗弹体能量。采用防弹陶瓷与高强度高模量纤维复合板的防弹层，当高速弹体与陶瓷层碰撞时，陶瓷层碎裂或产生裂纹并以弹着点为中心向四周扩散消耗弹体大部分能量，然后高模量纤维复合板进一步消耗弹体剩余能量。

软硬复合式防弹衣的面层采用硬质防弹材料，内衬采用软质防弹材料。枪弹、破片击中防弹衣面层时，枪弹、破片与面层硬质材料都发生形变或断裂，消耗枪弹、破片的大部分能量。内衬软质材料吸收、扩散枪弹和破片剩余部分的能量，起缓冲和降低非贯穿性损伤的作用。

身穿防弹衣的美国陆军士兵

各国正在研发的液体防弹衣有何特点

在冷兵器时代，人们利用盔甲来阻挡刀剑刺入人体。到了热兵器时代，由皮革、金属制成的盔甲也演变成了由复合材料制成的防弹衣。然而，虽然现代防弹衣有了不小的改进，但仍有一些与古代盔甲相同的缺点。无论盔甲是由金属板、皮革，还是由织物层制成，通常都很笨重。而且盔甲和防弹衣往往是刚性的，并不适合用于手臂、腿和脖子的防护。因此，中世纪的板甲都在关节部位留有缝隙，可以让士兵活动手脚，而现代军队使用的防弹衣通常只保护头部和躯干。不过，这种局面可能很快就要改变了。

2011年，英国宇航系统公司在伦敦防务产品展上推出了一种液体防弹衣。它有一个昵称叫做"防弹蛋奶糊"，这是因为用于制作它的特殊液体材料与英国人常喝的蛋奶糊具有一些相似点。当蛋奶糊被加热并被搅拌时，它就会变稠变厚，而这种特殊液体材料在受到子弹撞击以后也会迅速变厚变硬。这种液体材料被称为"剪切增稠液体"（Shear Thickening Fluid，STF），英国宇航系统公司研发人员将其灌至美国杜邦公司生产的多层凯夫拉纤维中间，然后使用这种"复合材料"制作新型防弹衣。

英国宇航系统公司研究人员利用9毫米口径手枪对31层凯夫拉纤维防弹衣和10层加入"剪切增稠液体"的新型防弹衣进行了测试，结果显示，子弹在击中新型防弹衣后攻击力会被分散，大大降低了士兵受伤和阵亡的概率。这种防弹衣对大威力枪械的防护效果也很好，包括大名鼎鼎的AK-47突击步枪。

除英国外，美国、波兰等国也在研发液体防弹衣。虽然现在液体防弹衣还没有量产，但实验室研究表明，液体防弹衣绝对有潜力成为笨重的防弹背心的替代品。等到技术发展成熟，士兵、警察和其他有需要的人，都可以用它来保护自己的躯干甚至是四肢。

剪切增稠液体

现代军用头盔与传统头盔有何区别

　　头盔是使头部免受伤害的一种单兵防护装备，历来为各国军队所重视。据有关资料分析，战场上的伤亡大多数由弹片所致，而防弹头盔可以有效地减少战场上的伤亡。英国有关部门研究表明，佩戴防弹头盔可减少 5% 的受伤率和 19% 的阵亡率。

　　在冷兵器时代，士兵的头盔对于刀砍、斧劈、枪刺、箭射等，均有显著的防护作用。17 ～ 19 世纪时，由于步枪、手枪等火器制造技术的进一步发展，火器的射程和杀伤力大大提高，头盔失去了原有的防护作用，再加上头盔本身的笨重和闷热等缺点，各国军队纷纷将头盔淘汰。直到一战爆发，头盔才重新踏上军事舞台。1914 年的一天，法军一名炊事兵在遭到德军炮击时把铁锅顶在头上，因此只受了轻伤，而很多人都死于猛烈的炮火。法国军队的路易斯·亚德里安将军得知此事后，深受启发，他要求部队研制金属制成的头盔。后来，人们将法军的制式头盔称作"亚德里安钢盔"。它是法军的第一种标准头盔，也是现代军用头盔的鼻祖。

　　一战后，许多国家的军队纷纷效仿法军，先后生产并列装制式钢盔。最初各国为有所区别和适合本国使用，头盔的样式可谓五花八门，后来德国在总结了法国、英国头盔制造经验的基础上，研制了一种带有特殊护耳的头盔，防护效果极为出色，在当时被公认为是最先进的头盔，直到今天仍有许多国家的新型头盔借鉴了这种德国头盔的设计经验。

亚德里安钢盔

　　20 世纪 80 年代以前，各国步兵装备的头盔主要是用高锰钢或其他特种钢冲压而成，这种头盔较重，防弹和隔热性能差，佩戴不舒适，还有二次破片伤人的危险。20 世纪 80 年代，一些发达国家开始研究用高技术纤维替代金属，军用头盔的发展由此进入了一个新的阶段，先后出现了玻璃纤维头盔、锦纶（尼龙）头盔、芳纶头盔、超高分子量聚乙烯头盔等非金属头盔。其中，玻璃纤维头盔和锦纶头盔的总体防弹性能都不高。而美国采用"凯夫拉"超高强度芳香聚酰胺纤维材料制造的芳纶头盔，重量最轻的仅有 680 克，在同等防弹性能的前提下可比钢盔减轻重量 20% 以上，而在同等重量的前提下其防弹性能却提高了 20% ～ 30%。目前，以美国为首的北约国家军队均大量装备了凯夫拉头盔。而超高分子量聚乙烯的强度和模量均高于凯夫拉纤维，是目前力学性能最佳的纤维，最近几年开始用于防弹头盔领域，但其有价格高、复合粘接技术难度大等缺点。

二战时期德国制造的 M42 钢盔

美军现役 MICH 2000 全护耳型凯夫拉头盔

目前，世界上最先进的头盔不仅重量轻，而且防护面积大，对头、两鬓、耳、后颈部都有良好的防护作用，并且不妨碍正常战斗动作。这些头盔具有防武器碎片、防子弹直射、防钝击碰撞、防激光、防火耐热、减震降噪、伪装等多种功能，而且随着科学技术的飞速发展和战争的需要，头盔不仅仅起保护身体的作用，而是集防弹、通信、夜视、瞄准、显示、防毒、防激光等功能于一身，实现头盔的综合化、现代化和电子化。随着科学技术的不断发展，在不久的将来，还可能出现许多功能更完善的新型数字化头盔。这些头盔将集各种高科技于一体，在未来战争中以其独特作用而占据举足轻重的地位。

▶▶▶ 军用防毒面具有何特点

防毒面具是一种戴在头上，保护士兵的呼吸器官、眼睛和面部，防止毒气、粉尘、细菌或蒸气等有毒物质伤害的单兵防护器材。滤毒罐作为防毒面具的核心部件，其内部装填的滤毒材料直接影响着面具防护性能的发挥。

1915 年 4 月 22 日，德军为了扭转不利的战局，出其不意地向英法军队集结的阵地上，施放了大量氯气，这就是世界军事史上首次大规模的毒气战。经此役后蒙受重大损失的英法联军，立即敦促本国政府尽快制造防毒器具。1916 年 2 月下旬，在惨烈的凡尔登战役中，德军又故伎重施，在阵地上大量施放毒气，此时的法军已基本配备了防毒面具，有效抵御了德军的毒气攻击。此后，世界各国陆续开展了防毒面具的研制工作，各种各样的防毒面具相继问世。随着科学技术的快速发展，防毒面具在材质、防毒性能及人员佩戴舒适性、方便性都有很大改善。

佩戴防毒面具的俄军士兵

按照滤毒罐和面罩的连接方式，防毒面具可分为直连式和导管式，直连式的面罩可直接与滤毒罐或滤毒盒连接使用，而导管式则使用导气管与滤毒罐和滤毒盒连接使用。按照外观造型，防毒面具可分为全面具和半面具，其中全面具又可分为正压式和负压式。一般来说，军用防毒面具都会采用全面具的样式，这种防毒面具相对来说体积较大，而民用防毒面具则采用半面具的样式。按照防护原理，防毒面具可分为隔绝式和过滤式，过滤式防毒面具较为常见，其主要通过隔绝有毒气体，使用滤毒罐或滤毒原件净化有毒气体。隔绝式防毒面具就是完全与外界隔绝，面罩自身供氧，主要在高浓度染毒空气（体积浓度大于 1% 时）中，或在缺氧的高空、水下或密闭舱室等特殊场合下使用。

佩戴防毒面具的英军士兵

>>>> 单兵急救包有何重要意义

　　对于前线士兵来说，战场急救的水平决定了他们能否在受伤后存活。战场急救的目的就是保证士兵在负伤后能够有效地维持生命，从而可以送到后方进一步救治，这也是保证士兵存活的关键。战场急救的第一步，就是士兵通过配发的医疗包进行自救。

　　从一战开始，各国就已经给士兵配发了基本的绷带包。士兵受伤后，需要靠绷带包里面的止血带和绷带，由战友或者自己进行包扎、止血，避免大量出血。但当时的士兵缺少防护装备，且医疗水平又不发达，很多士兵送到后方也只能静静地等死。

　　配发绷带包的方式一直延续到了二战结束乃至 20 世纪 60 年代。各国绷带包的物品有所不同，一些军队的单兵绷带包可能会配有吗啡以及其他用品，以减轻士兵受伤后的痛苦。而美军在越南战争后统计了士兵的伤亡数据，发现约有 90% 的士兵死于大量出血，大多数士兵在抵达战地医疗站前就会死亡。还有一部分士兵会死于中弹后的其他并发症。因此，美军开展了一系列提升医疗水平的科研活动，并且将绷带包更换为单兵急救包。与单兵急救包相比，仅含有绷带和止血带的绷带包就显得极为寒酸了。

　　战场医疗最重要的就是时间，有一些伤势严重的士兵自己根本无法有效处理，必须在他失血过多前送到战地医疗站进行救治。而在一战、二战、越南战争时期，一个步兵班组里最有医疗经验的就是军医，但一个步兵班组就一名军医，军医中弹、受伤人数过多又是一个棘手的问题。因此现在美军要求每名士兵都必须会熟练地使用单兵急救包，对自己的伤口进行处理，待运输到后方再进行救治。在运输方面，美军也不惜成本地将大量运输直升机、"悍马"装甲车投入到战场急救中。

　　美军配发的单兵急救包中，配有止血钳、止血带、压力绷带、纱布、消毒药品等一系列医疗用品，还配有治疗气胸、窒息的用品。单兵急救包里最重要的就是止血类用品，美军对此十分重视。单兵急救包是士兵接受治疗的第一步，也是非常重要的一步。美军将精心研发的单兵急救包配发到每名士兵手中，并且在士兵服役初期就会对其进行严格的培训，再结合美军优秀的单兵装具，可以成功地将士兵的伤亡率降低。

美国陆军于 2003 年换装的 IFAK 急救包

　　尽管其他国家军队装备的单兵急救包在外形和物品上都与美军存在区别，但一般都涉及包扎、止血、固定、通气、消毒、镇痛等模块，且可根据需要自由组合携带物品，既减轻了单兵不必要的负重，又能保证快速较好地开展自救和互救。

匈牙利陆军士兵学习战场急救

英国陆军士兵学习战场急救

▶▶▶ 单兵携行装具经历了哪些变革

为了提升单兵战斗力，各国军队为步兵配备了多种多样的单兵作战装备，随之而来的问题是士兵的个人负重越来越大。因此，一件坚固耐用、布局合理、人体工学设计出色的单兵携行装具就显得尤为重要。所谓单兵携行装具，是指士兵在战斗值勤时随身携带，能够容纳武器、弹药及作战必需品的专用装具。它是人与武器装备有机结合的基本载体。不同的军、兵种，由于作战行动的特点不同，对单兵携行装也具有不同的要求。单兵携行装具优化与否，对提高和保持单兵作战能力有很大影响。在相同负荷条件下，科学优化的单兵携行装具能有效地改善武器携行条件，大幅减轻单兵生理负担和心理压力，进而有效地提高整体作战能力和防护能力。

近现代军队最早携带装具的方式是单件分挂式，即单具单用，多具披挂。自19世纪中期以来的近代军队，广泛采用单件分挂携行装具。单件分挂的优点在于简单，但是随着士兵身上携带装具越来越多，其弊端也越来越明显。第一，单件分挂，每携带一样装备就要缠一条带子，才能将自己的装具披挂完全，如果装备很多，一条一条带子缠在身上，穿戴和脱下都极为不便。第二，单件分挂的人机工效很差，从肩上斜挂到腰侧，即使用外腰带将背带束紧，装具的重力点也在臀部周围，在运动中各件装备或相互碰撞，或与身体发生碰撞，前后挪动，不便于行动和隐蔽，反复交叉的带子勒肩勒颈，压迫前胸，容易加速士兵疲劳。第三，单件分挂，需要一件一件清洗整理，野战条件下容易丢失，从而对单兵作战性能造成负面影响。

由于单件分挂的携行方式存在诸多弊端，进入20世纪，欧洲各国逐步开始依托Y带或H带来携带多种装备。例如德军就有多款Y带与外腰带组合起来的分体式携行装具，在外腰带上通过专门的连接卡具悬挂弹药匣、手榴弹、水壶、文件包等装具，背后可以与突击背包相连，携带其他物资。这种依托携行带进行组合的携行装具，可以说是分体式单兵携行装具的雏形。所谓分体式单兵携行装具，就是每一样装具都是独立的，不管是小弹药包还是大背囊，都可以拆开，但是这些分开的装具一旦用一条带子串起来，组合在一起，就可以把好几样装备携带好。当然，并不是百分之百能将全部装备连起，还是会有一些小件单独携带。

一战爆发前，英国就研发出了P1908型单兵装具，之后又发展出了P1937型单兵装具，装备于各英联邦成员国军队。在发展专用的单兵携行装具方面，美国也走在世界各国前列。在大多数国家还使用皮具的时代，美国就已经在M1910型携行装具上采用卡其布了。M1910型单兵携行装具的核心是两根侧Y带，下方连接卡其布外腰带，其上悬挂步枪弹匣包、急救包、水壶套、干粮包，背后悬挂突击背囊。

M1910 型携行装具推出之后，美军在其基础上不断进行改进，使其可以在 Y 带、外腰带和背囊上增加或悬挂新的组件，丰富了它的功能。美军在 M1910 型携行装具基础上改进而来的各系列携行装具一直使用到二战后，并影响了许多盟国军队关于携行装具的设计。

一战时期美国单兵装备及携行装具

一战时期法国单兵装备及携行装具

一战时期德国单兵装备及携行装具

二战后，美国、英国、法国、苏联、德国、日本等国在减轻单兵负荷的同时，都竞相开展单兵携行装具的研究和改进工作。基于以 Y 带、H 带为核心的分体式单兵携行装具逐渐发展，带子逐渐加宽以减小压强，以至于一些设计师直接设计出了与人体更贴合的战术背心。这些战术背心往往是专用的，背心正面缝制了放置弹匣、手雷的袋子。背心穿好后在身体表面不易移动，能够更好地固定所承载的装具。

1998 年，美国推出了模块化轻量承载装具系统（Modular Lightweight Load-carrying Equipment，MOLLE），该装具一经问世就受到了高度关注。MOLLE 系统的核心是战术承载背心，背心上横向分布着一道道承载条，11 种标准附包和其他尺寸的附包可以根据需求，采用固定的搭扣方式在承载条上牢牢固定，组成不同的配置组合。MOLLE 系统最大的特点就是模块化组合，不同的模块通过独特的横向承载条和搭扣安装，士兵可以根据自己的需求自由组装配置方案。MOLLE 系统推出后，世界各国军队也根据自身条件，设计出了各自的模块化单兵战术背心。例如，俄罗斯研制的 6SH112 战术突击背心采用横向承载条来进行模块化自由组合，以实现不同功能。

为适应 21 世纪高技术战争的需要，世界各国仍在不断地对单兵携行装具进行改进，以期更符合人体生理特点。未来的单兵携行装具将具备以下特点：一是轻便舒适，减少人体负荷。各国军队的单兵携行装具正由肩腰吊带式向背心式发展，因为背心式携行装具能更好地把各种战斗装备和生活用品集中到一个完整的结构系统内，使重量均匀地分布在人体的肩部、腰部和背部，而且贴身适体，不易和身体分离。二是组合方便，机动性能好。未来的单兵携行装具大多会把战斗装备和生活用品分别装在两个分系统内，行军时两者紧密结合，进入战斗状态时可迅速分解，抛掉生活用品部分。三是增大携行量，提高单兵作战能力。现代作战弹药消耗量大，防护性装具多，因此单兵携行装具要尽量提高单兵的携行能力。此外，在现代化侦察器材的威胁下，单兵携行装具还必须有隐蔽伪装功能，其样式、颜色和用料都必须经过综合设计，与作战服协调一致，使之具有良好的防护和伪装性能。

配备 MOLLE 系统的美国陆军士兵

俄罗斯 6SH112 战术突击背心

>>>> 什么是未来单兵作战系统

军事国防的科技水平一直走在世界科技发展的前沿，各国对于军事国防科技的研发也不遗余力。在单兵作战装备方面，一些军事强国相继制订了"士兵现代化计划"，大力开发未来士兵综合作战系统。各国开始从攻击力、防御力、信息化、舒适性和持续作战能力等方面入手，全力打造"未来战士"，使士兵从武器操纵者变为武器的核心。

简而言之，未来的士兵不再只装备传统的枪械和手榴弹，而是拥有一体化、系统化的单兵数字化装备，从而使未来战争以新的方式进行。未来单兵作战系统将汇集最先进的军事装备和科技技术，配备更致命的突击步枪、更先进的武器瞄准具、更有效的防护装具、尖端的网络通信，并拥有计算机控制功能。

目前，大多数国家或多或少地完成了主要目标，并且将它们应用于一些精英特种部队。尽管各国的未来单兵作战系统在细节上存在差异，但基本思路大致相同。具体来说，未来单兵作战系统的功能基本如下所述。

（1）武器功能

未来的高技术战争要求单兵武器具有更大的威力、更轻的重量、更高的可靠性、更好的适应性、更易于维护、更低的造价。因此，未来单兵作战系统中的单兵自卫武器将向通用方向发展，用一种新的枪械取代现有的手枪、冲锋枪。主战武器方面，士兵可携带的武器包括激光枪、电磁武器、高灵敏度反单兵手雷等。这些武器将全部配备红外探测器和高效瞄准器，并与计算机／无线电通信系统、头盔系统相连接，集观察、瞄准、射击于一体，能在白天、黑夜或不良气候条件下完成监视、跟踪、精确射击等任务。它将允许士兵将武器绕过角落、经由窗户或伸出散兵坑外搜索目标，向敌人开火，而不将自己暴露于敌方火力之下。头盔上的目镜轴线与武器上的瞄准具之间能灵活、自动地保持一致性，从而实现人在壕内枪在外的隐蔽瞄准的拐弯射击。

（2）**生存防护功能**

未来将通过作战服、防弹衣及其他先进的防护措施，来完成一系列对士兵的防护，减少或者避免士兵可能遭受的伤害，并有效地保护士兵不被敌人轻易发现。具体包括减轻弹头或破片对己方士兵的伤害；减弱核、生、化（气态、液态）造成的损伤；消除高、低温等恶劣气候的影响；能控雷报警，力求避免踩踏地雷；防潮防水。防止和扰乱敌人的侦察，现在先进的伪装色斑能随背景变化防范敌人的目视侦察和热像仪侦察，实现全波段（可见光、红外、激光、雷达）背景变化。

（3）**指挥、通信控制、侦察和情报功能**

对现场拍摄图像，实时报告战场态势（敌我位置、火力配置、障碍物等）；战场识别；文件处理；全球定位系统的定位和导航；引导后方支援武器的精确射击；判断声源方位和距离，并能滤掉爆炸噪声，减少噪声侵害；监测士兵身体状况。

要完成这些任务，需要头盔和其他通信电子设备的共同作用。在激烈角逐的战场上，头盔不仅具有防弹的能力，士兵还可通过头盔护目镜上的显示屏将战场态势一览无遗。精巧的集探测器、计算机和电台于一体的装置，能精准进行敌我识别；各单兵计算机互联成网络，从而可提高战场保障能力；士兵可与班内各士兵及上级保持联系，还能横向与战车、火炮、直升机等进行语音、数据、图像通信，引导它们精确射击。

美军士兵正在测试"陆地勇士"单兵作战系统的通信功能

装备 FELIN 单兵作战系统的法国士兵

挪威士兵测试 NORMANS 单兵作战系统

智能可穿戴设备在军事领域有何作用

自 21 世纪以来，随着智能可穿戴设备在民用市场的快速发展，一些国家开始探索其在军事领域的用途，并投入大量的人力、物力和财力去实施智能可穿戴设备系统的军事应用计划，例如美国的"陆地勇士单兵系统"、俄罗斯的"狼士兵 2000 单兵作战系统"、法国和意大利的"未来步兵单兵作战系统"、英国的"重拳系统"、韩国的"未来部队勇士系统"、日本的"下一代近战信息共享系统"、印度的"未来步兵作战系统"以及德国的"IdZ 士兵系统"，并取得了一定的成果，例如"智能衬衣"、可穿戴外骨骼系统、智能头盔和人体供电设备等系列化产品。

随着智能可穿戴设备在军事领域的应用范围越来越广，设备的种类也变得越来越多，并呈现系列化和多样化的趋势。但从单兵作战系统角度来看，可以按照智能可穿戴设备的使用功能将其分为作战武器和监护管理两个类型。

随着计算机、微型传感器和智能制造技术的迅猛发展，智能可穿戴设备真正实现了贴身便携的目标，使得作战武器类智能可穿戴装备的类型也越来越多，大致可分为智能头盔类、武器类、监测传输类、安全防护类以及智能外骨骼系统类。其中，智能外骨骼系统类主要指军用可穿戴外骨骼。例如英国采用碳纤维复合材料研制的"矫正负重辅助装置"、法国研制的"大力神"可穿戴外骨骼、荷兰研发的"外置伙伴"可穿戴外骨骼等，它们均可大幅度提高士兵的负载能力。归根结底，军用可穿戴外骨骼可以认为是一种可穿戴式的机械装置或机器人，它们不仅可以拓展或增强人体的生理机能，而且能够提高士兵的负重运动能力、减轻负重对士兵的损伤，从而提高士兵负重情况下的持久作战能力；同时还可以作为武器设备的搭载平台，提高单兵作战能力。

除作战武器领域之外，智能可穿戴设备在监护管理方面也有较为广泛的应用。这类设备可以分为安防管理装备、生理检测与医疗辅助装备和智能化装备检修设备，其中比较典型的是穿戴式生理监测与医疗辅助装备，在各国军事训练及战场救护方面几乎都有所应用。

随着智能人机交互技术、智能传感技术、柔性电子技术及数据信息处理技术的不断突破以及各国综合国力竞争愈演愈烈，未来战争逐渐呈现信息化、多样化、科技化的趋势。智能可穿戴设备是支撑单兵作战的重要装备，也决定了单兵作战的效率，但军事领域对智能可穿戴设备有着特殊要求，未来军用智能可穿戴设备将变得越来越智能、越来越便捷、越来越美观、越来越多样，届时军用智能可穿戴设备的类别也将不再局限于作战武器类和监护管理类，而是变得琳琅满目、应接不暇。

军用可穿戴外骨骼

美国陆军士兵测试可穿戴外骨骼

现代军队野战口粮有何特点

食物是人类赖以生存的物质基础，古语说"民以食为天"，就高度概括了人类与食物的依存关系。对于军队来说，食物和武器是同等重要的。"兵马未动，粮草先行"，士兵的吃饭问题历来为古今中外所有军事家所重视。为了让士兵能"迅速而愉快地填饱肚子"，各国军队后勤部门挖空心思推出了各式各样的军用食品，既要保证食物有足够的热量，又要讲究营养均衡。

士兵的食物可分为两种：一种是部队提供的军队伙食，就是在平时或者战时条件允许的情况下，为士兵专门烹制的热饭热菜；另一种则是专供在离开营房条件下食用的野战口粮，包括野战食品和制作热食所需的原料、半成品和成品，由士兵随身携带。野战口粮一般由工厂根据规定的配方和工艺生产，按定量包装定型。这种口粮具有体积小、重量轻、营养价值高、便于携带和食用、通用性强、贮存性能好、便于生产和供应等特点。野战口粮主要用于战时，也用于部队在执行抢险救灾任务时食用。

自21世纪以来，随着科学技术的迅速发展，军队野战口粮从理论到实践都逐渐趋于成熟。各国都非常重视减轻单兵负荷，以提高野战机动能力。美国、俄罗斯、英国、法国等军事强国一直致力于野战口粮的研究改进，要求在保证营养和必要热量的前提下，减轻重量、缩小体积，既能长期贮存，又便于携带和食用。

美军对野战口粮有严格的营养标准和储存标准，营养标准由美军军医署署长办公室审核批准。MRE野战口粮有20多种餐谱，根据现行的美国陆军补给制度，每位参加战斗行动的官兵，每天可分配4份MRE野战口粮。每份口粮所提供的热量平均为1300卡路里，其中13%为蛋白质，36%为脂肪，其余的51%为碳水化

美国军队MRE野战口粮（餐谱3）

合物。同时，口粮的维生素和矿物质含量应达到美军规定的每日必须摄入量的 1/3。每份口粮必须包括主食、副食、饮料，各部分独立包装，易于食用，接近正常膳食。贮存标准规定：必须能在 27℃条件下存放 3 年，38℃条件下存放 6 个月。美军还为士兵研究了适合不同环境、不同人群食用的口粮，并已实现了口粮的系列化。目前，美军的单兵口粮可分为：标准口粮、素食口粮、宗教信徒口粮、寒冷气候口粮、远程巡逻食品包、特种作战训练口粮、首次攻击作战口粮等类型，共计 8 个种类。

俄罗斯军队的野战口粮以高脂肪食物为主，包括牛肉大麦粥、牛肉条、饼干、油炸鲱鱼、香肠、鸡肉汤、冰茶粉、速溶橘子粉、糖等。长期以来，俄罗斯军队有一种与众不同的传统，即不论平时还是战时，都对军人供应香烟，供应标准为士兵每人每天 20 克七等烟丝（或 12 支七等香烟），军官每人每天 25 克五等烟丝（或 20 支五等香烟）。不吸烟的军人可改为每月领取 300 克糖。2013 年，俄罗斯军方执行了严格的禁烟令，终结了这个延续百年的军队传统。

俄罗斯军队的野战口粮

英军野战口粮是罐装或软包装熟食，有些还经过脱水处理，其组成接近于平时饮食。英军野战口粮已形成系列，既有单兵作战口粮，也有集体作战

阿富汗战争中英国陆军的 24 小时野战口粮

口粮。单兵普通作战口粮有 4 种餐谱，提供早餐、快餐、主餐各一份，以及一份补充饮料。该口粮重 1.8 千克，可提供热量 4000 卡路里。英军还特意研发了北极口粮，

主要是罐头食品，重 1.6 千克，可提供热量 4500 卡路里。在食品加工过程中，英军采用了辐射杀菌等工艺，使三明治在 38℃的高温环境中也可保存 3 个月不变质。英国还发明了一种能鉴别食品保质期的仪器，当食品即将过期时，食品袋上的指示灯就会发亮。

　　法军的野战口粮风味多样、营养齐全，被许多人认为是"最可口的军用食品"。以最受欢迎的口粮为例，单日份餐的基本含量是 8 包硬饼干（巧克力味和咸味各一半）、两个 350 克主菜罐头以及饮料包、净水药丸等，士兵可以此为基础，任意选择如意大利式烘馅饼、熏牛肉香肠、油煎鱼、迷你比萨饼等熟食作为搭配。主菜罐头品种丰富，有 30 多种口味，可满足不同士兵的口味需求。

法国陆军的野战口粮（两餐份）

　　目前，不少国家开始了野战高营养食品的研发，如全营养蛋白粉、体力恢复固体冲剂等。这种冲剂容易被人体消化吸收，具有增强肌肉运动力、帮助恢复体力和提高耐力的功能。随着生物技术的快速发展，不少国家研发出具有特别生物标记的糖块（食用这种工程食品糖块后，在视线不清和远距离条件下，利用传感设备判断人体呼吸或体液中是否存在相关生物标记，以进行敌我识别，进而实施远程狙击）、防疫食品、防腐保鲜食品、营养集成化口粮等新型野战食品。一些国家还针对在高寒、高温和核辐射等条件下活动的士兵，研发出抗疲劳食品，以起到消除疲劳、保持旺盛战斗力的作用。

　　随着高技术装备在军事领域的广泛应用，未来战争的作战样式及保障手段将发生巨大变化，全时空、快节奏、高强度、高消耗的战争特点使野战部队的饮食保障面临严峻的挑战。为适应未来战争的快速发展，各国均在加紧研发新型野战口粮，具体研发方向为：一是将野战口粮与市场上可供选择的商业食品进行组合，这样既能使野战食品价格低廉、品种多样，又可以减少士兵的厌食情绪。二是朝可口化、口粮化方向发展。今后野战口粮不仅要增加花色品种，改善口感，还要研究素食口粮、宗教口粮，使其适合各种人群。三是使用先进工艺使得野战口粮营养丰富、口味好，提高野战口粮的使用性能和贮存性能。四是包装向多元化防护功能发展，为适应战场环境变化，野战口粮的包装防护功能也向多元化发展，以达到防水、防虫、防菌、抗压等标准。五是充分利用民用资源，吸收地方科研力量进行联合开发。

Part 04
技术战术篇

军队的战斗力，很大程度上决定了国家的安定程度。而军队的整体战斗力，取决于每个士兵的单兵作战能力。只有士兵掌握了过硬的作战技能和灵活的行动战术，军队才能做到"招之即来，来之能战，战之必胜"。

士兵需要掌握哪些基本射击姿势

正确的射击姿势是精准射杀敌人的先决条件。士兵熟悉多种射击姿势，必要情况下进行调整，更有利于确保射击的稳定性。基本射击姿势有以下 4 种。

（1）站姿射击

站姿射击也被称为无依托站姿射击，其稳定性最差，但恢复速度最快。如果采取站姿射击，应尽量估计并减小身体晃动对射击的影响。大多数情况下，行进中遭遇敌人之时，宜采取站姿射击。站姿射击通常用于自卫，期间注意呼吸和射击的搭配很重要。另外，站姿射击受风的影响也比其他姿势大。

以站姿射击的美国陆军士兵

（2）卧姿射击

卧姿射击可以分为两种形式，一种是双腿直伸式，另一种为左腿直伸右腿屈曲式。双腿直伸式的身体与射面的夹角比较大，两脚外旋脚尖向下，总重心位置在支撑面内稍左。这种姿势的优点是身体俯卧的面积大，头部贴腮自然，左臂负担量相对较小，适于使用标准步枪而身材又比较匀称的士兵。但这种姿势也存在着缺点，因为躯干以下全部俯卧，增大了腹部受压力量，所以对腹式呼吸的士兵来说，呼吸有所不畅，持久性和一致性较差。

　　采用左腿直伸右腿屈曲式时，躯干与射向投影夹角较小，左腿随躯干自然伸展，脚直立或自由倾斜，右腿随膝关节自然屈曲，身体重心偏左。这种姿势的主要优点是右腿自然屈曲后身体重心左移，右侧腹部着地面积减小，整个姿势的力量易于集中，姿势的紧张度减小，动作自然，利于维持射击姿势的稳定性和持久性。对于身体比较高大壮实的士兵，采取这种姿势更为适宜。

　　左腿直伸右腿屈曲式的缺点在于枪与身体大部分重量偏左，增大了左臂负重量，对于身材矮小臂力不强的士兵，有负重较大之感。实践证明，左腿直伸右腿屈曲式卧姿，已被世界各国士兵普遍采用。在所有射击方式中，卧姿射击最容易学会和掌握，且重心位置低，稳定性非常好。同其他姿势相比，卧姿射击还更不容易被敌人发现。

以卧姿射击的美国陆军士兵

（3）跪姿射击

　　跪姿射击时，士兵的右腿跪在地面或沙袋上，脊柱呈前弓形状，身体重心落在地面或沙袋附近。采用这种姿势的时候，要靠左小腿承担部分狙击步枪的重量，左肘无法紧靠身体，且没有固定的支撑，因此应当确保人和枪的密切配合。跪姿射击的要求包括跪得稳、人与枪结合的力量集中、上身下塌、腰部放松。

以跪姿射击的美国陆军士兵

（4）坐姿射击

坐姿射击的方式分为好几种，但主要的两种方式是双腿叉开和双腿交叉的射击姿势。在这两种射击姿势中，士兵都需要将两肘支撑在双膝上，从而确保射击时的稳定性。坐姿射击在稳定性方面仅次于卧姿射击，可以使士兵获得更好的视野，当然也给敌人提供了更大的靶子。

以坐姿射击的美国陆军士兵

总的来说，在各种射击姿势中，卧姿射击可以获得几乎完美的稳定性，但由于受地形的影响，稳定性往往会受到干扰。同样，跪姿和坐姿射击受地形的影响稍小，却更容易被敌人发现，遭受报复性火力的攻击。

》》》 单手换弹匣在实战中是否有用

在影视剧中，总会出现单手换弹匣的操作。乍看之下，这个动作不仅颇具观赏性，而且还有一定的实用价值，毕竟单手换弹匣可以加快换弹速度，保证火力的持续性。在真实的战场上，这个动作真的有助于提高作战效率吗？

事实上，完成单手换弹匣的操作并不容易。由于大部分步枪在子弹打完后更换弹匣还需要再次上膛，而再次上膛会增加换弹时间。因此要完成单手换弹匣的操作就必须在子弹还没有完全打完但即将见底的时候进行，这样才能在保证火力持续性的同时，又不会过多地浪费弹药。这就要求士兵必须对自己弹匣内所剩子弹有一个比较清晰的了解，不然学习单手换弹匣的意义并不大。但要在激烈的战斗中做到这一点，显然不是一件容易的事情。

美国陆军士兵进行射击训练时有多个备用弹匣

要想长期进行单手换弹匣的操作，士兵还必须对枪械的维护保养了如指掌。因为单手换弹匣时需要敲击枪械的卡笋，久而久之，就很容易造成卡笋的损坏，从而影响作战。如果在训练时出现卡笋损坏，后果并不会很严重，毕竟随时都可以更换，但在战场上滥用单手换弹匣导致卡笋突然损坏的话，后果就相当严重了。因此士兵不精通枪械维护保养的话，就不要轻易尝试单手换弹匣的操作。

此外，单手换弹匣就意味着士兵要抛弃上一个使用的弹匣。毕竟，士兵好不容易从换弹匣上节约了时间，总不能又把时间浪费在捡弹匣上。然而，现代步枪大部分都是采用弹匣进行供弹的，一旦弹匣丢失就意味着步枪无法继续使用。而且在后勤补给时，都是直接补给子弹，很少有直接补给弹匣的情况发生。如果士兵在第一场战斗中就把所有弹匣丢得只剩一个了，又如何进行第二场战斗呢？

综上所述，单手换弹匣的操作仅适合久经沙场的老兵，并不适合新兵。因为老兵在战场上心理素质好，且能够应付各种突发情况。

美国海军陆战队士兵正在快速更换弹匣

如何投掷手榴弹才能发挥最大威力

手榴弹是一种攻防兼备的小型手投弹药，也是使用较广、用量较大的弹药。手榴弹具有容易训练、携带方便、使用简单、威力较大的特点。由于各国军队使用的手榴弹在外形、质量和爆炸威力等方面都存在差异，加上战术技术方面的不同，所以手榴弹的投掷方法也各不相同。但是，各国军队的手榴弹投掷方法仍有一些共同点。

正确投掷手榴弹的前提是正确握持手榴弹，手榴弹握持不当将难以投远、投准，甚至会脱手危及自身安全。一般来说，习惯右手握持的士兵应正握手榴弹，弹底朝下，掌心远离拉环，以便投弹前左手食指或中指能够方便地拉出拉环。而习惯左手握持的士兵握持方法恰好相反，握持时弹底朝上。

美军对于手榴弹的投掷方式要求较为宽松，基本要求是要保持身体正对或者侧对敌方，过肩将手榴弹掷出；核心要求是将手榴弹投得又远又准。同时，美军还提出了标准的投掷程序：一是观察目标并估测距离，要求此过程要减少暴露的时间。二是去掉保险销，将手榴弹握于投掷手中。三是用非投掷手的食指或中指拉住拉环，去除保险销。四是注视目标，过肩将手榴弹掷出，使手榴弹落于目标附近。手榴弹掷出后，保持手臂的自然前伸，可增加投掷距离和准确性，并减轻手臂的疼痛感。

手榴弹的投掷姿势可分为站姿、跪姿和卧姿三种。美军认为站姿是最理想的自然投掷姿势，可将手榴弹投掷得更远。在城市作战中，通常采用这种姿势。站姿投掷时，采取自然姿态站立，保持身体重心。将手榴弹过肩举起，非投掷一侧手臂向斜上方45°伸出，手指张开，指向目标，手榴弹投出后，快速掩蔽以防破片和敌军火力杀伤。如果找不到掩体，就迅速采取卧姿，使头盔朝着手榴弹爆炸的方向。

跪姿通常在矮墙、低坑道后作战时采用，投掷距离会缩短。投掷时将手榴弹过肩举起，投掷一侧腿伸直，并保持稳定，非投掷一侧膝盖以90°屈跪于地面。同时，非投掷一侧手臂向前屈伸45°，指向目标，采取自然动作投出手榴弹，投掷一侧脚离地，顺着投掷方向前移，以增强投掷力度。投掷后采取卧姿迅速掩蔽，以减少暴露面积，避免破片和敌方火力杀伤。

卧姿会大大减小投掷距离和准确性，只有在受到敌方火力压制，不能抬高体位时使用。卧姿投掷时，首先仰卧，保持身体与手榴弹的飞行轨迹平行，将手榴弹置于胸口，去除保险销。将投掷一侧的腿竖起约45°，两膝夹紧，双脚牢牢支撑在地面上。将手榴弹置于耳后100～150毫米处，竖起手臂准备投掷。用另一只手抓住身边固定物体作为支撑，以增大投掷距离。在投掷过程中，后脚蹬地以增加投掷力量，投掷时切勿将头或身体露出，以免将身体暴露于敌人的火力之下，投掷后应快速翻身俯卧地面。

美国陆军士兵练习投掷手榴弹

美国陆军士兵在训练场投掷手榴弹

如何实施人工布雷和排雷

　　在野外作战时，地雷是敌我双方都会大量使用的一种武器。地雷的作用与古代的机关陷阱类似，主要用于阵地防御、道路封锁、迟滞追兵和对敌占领区的袭扰等作战环境下。布设地雷可以运用机载布雷器、自动布雷车、火箭布雷车等多种较为高效的布雷装备，但有时候也需要人工布雷。

　　人工布雷的方法虽然比较简单，但也有操作规范，并非挖坑埋土即可。首先，坑的深度要按照地雷的高度来定，太深可能会在后期掩埋的时候爆炸（因为地雷上方的泥土盖得太重），太浅可能会因雨水冲刷或风吹使其暴露在地表。

　　其次，坑底的泥土一定要夯实，尤其是反坦克地雷，以免目标碾过地雷时非但没有触发引信，反而将地雷压入地下。坑挖好后，要把地雷平放进坑内，此时的地雷通常没有安装引信，需要先拆下保险栓，然后将拔掉保险针的引信装入，再安装保险栓。此时，先不要着急转动保险栓的开关，使其处于战斗状态，而是要先将一部分泥土盖在地雷上，再转动保险栓开关，以免在掩埋时一不小心触发了地雷。

　　最后，将地雷伪装好，如果地雷体积很小，为了增加踩踏面积，可在上面盖上一块薄木板，但需注意不要留下埋雷的痕迹。

美国陆军士兵布设 M18A1"阔刀"地雷

M18A1"阔刀"地雷爆炸瞬间

如果士兵不慎进入敌人布设的地雷区，必须充分利用自己掌握的排雷知识和排雷技巧，为自己和友军扫除障碍。与布雷相比，排雷要困难得多，就算排雷的过程中没有造成人员伤亡，排雷所花费的成本和时间都远远高于布雷。

排雷的前提是探雷，而探雷是一个讲究方法、速度缓慢的过程，因为确定地雷位置时有很大危险。倘若没有探地雷达和金属探测器等较为先进的探雷设备，士兵就只能采用传统的探雷技术了。

探雷时，首先要侦察附近有没有潜伏的敌人。如果有敌人的巡逻兵，就需要观察巡逻兵的行进路线是不是在刻意避开某些区域。此外，还要留意土壤的色泽是否有不协调的地方，地面是否有裂纹以及附近是否有埋设地雷的工具等。在疑似埋有地雷的地点，士兵可用棍子或刺刀轻轻戳探地面进行确认。

在探明地雷位置后，就要着手进行排雷工作。排雷的主要手段有机械排雷和炸药排雷两种，但在敌区活动的士兵并不具备这种条件，所以只能选择人工排雷方式。除了拆除引信外，也可以使用炸药直接诱爆，或使用专用试剂固化地雷和周围的土壤，使其不会被触发。如果没有排雷工具，也可以放弃排雷选择其他道路，只要做好标记，防止己方和友军触雷即可。

美军士兵正在学习人工探雷和排雷

正在排雷的美国陆军士兵

现代攻坚战为何仍在使用炸药包

　　攻坚战是一种战斗的形式，指攻克敌方设有坚固防御的要地（如城池、关隘、要塞或据点）的作战。这些要地往往都是战略基点或重要的战役战术支撑点，事前设有较为完备的防御工事，配属若干防御部队，设定有防御预案，形成较为完整的防御体系。而攻击方往往需要集中优势兵力兵器，通过围困，切断敌方补给或其援兵通道，形成局部兵力优势，然后寻找敌方防御弱点，集中兵力实施攻击，获得突破口，并投入预备队冲入突破口，分割敌方防御体系，最终使敌方防御体系完全瓦解，同时获得该要地的绝对控制权。

　　在攻坚战中，防御方的兵力火力都极为集中，因此对攻击方而言，难度很大。防御方通常没有退路，经常会做拼死一搏，利用事先预备的兵力火力给进攻方以重大杀伤，而攻击方要瓦解防御往往要投入更多的兵力兵器，而且损失巨大。一战期间的列日要塞攻坚战，二战期间的布列斯特要塞之战、斯大林格勒保卫战、塞瓦斯托波尔要塞攻坚战，都是极具代表性的攻坚战实例。在两次世界大战中，炸药包是被攻击方广泛使用的一种攻坚武器。临时制作炸药包在各国军队中都是习以为常的事情，二战期间美国陆军营连分队的装备已经很完善了，但在太平洋岛屿争夺战、欧洲战场上仍然使用大量的炸药包去摧毁敌方的坚固工事和暗堡。

　　二战后，随着军事科技的快速发展，攻坚弹、钻地弹、云爆弹、温压弹等新型攻坚武器层出不穷，炸药包这种传统的攻坚武器就显得非常落后了。然而，炸药包并没有被淘汰，而是顺应时代发展进行了改进。传统的炸药包由于捆绑费事、炸药块爆炸时间不一，影响了目标摧毁效率，所以现代炸药包采用制式的专用爆破炸药块，每块炸药块装装约 450 克 TNT 或 C4 炸药，外面使用铁皮包裹。现代炸药包通常采用手雷引信引爆方式，采用电击发或者拉线式击发，既可以单独使用，也可以多块捆扎后集束式使用。电击发时间极短，可以做到几块炸药块同时起爆，达到最大的能量释放。

　　虽然现代军队装备的各类攻坚武器已经足以摧毁野外常见的各种工事，但无论是攻坚弹还是云爆弹，在实战中都不能保证工事内的敌人完全被消灭。就算杀伤效果极强的云爆弹，如果没有在工事内引爆而是在工事外壁引爆，虽然也能造成工事内敌人窒息，但仍有可能存在只是暂时休克的幸存者。如果放任不管，工事内敌人一旦清醒就有可能会对己方后续部队造成重大杀伤。这种复活火力点对部队造成重大伤亡的战例在战史上并不罕见。

对于已经被摧毁的敌方工事，步兵通过时向工事内部投掷一枚手榴弹是常见做法，但是对于带隔墙的工事来说，同样不能保证里面没有幸存者。所以最好的办法就是由步兵班在通过时用炸药包对工事进行二次摧毁，不仅能保证其射击孔再也无法使用，同时也能通过对工事的结构性打击保证其内部不会有幸存者。这

就是如今一些国家的步兵班仍然配发炸药包的原因。这种做法并不是落后，而是各国军队从多次血战中获得的宝贵经验。至于为什么攻坚成功后不再补射一发攻坚弹或是云爆弹，原因很简单，步兵班的武器装备携行量是有限的，不能在一个已经被摧毁的工事上浪费弹药。

美军使用的专用爆破炸药块

正在学习爆破技能的美国海军陆战队士兵

▶▶▶ 步兵如何攻击火力强大的碉堡

　　碉堡是具有端口或洞口的防御性建筑物，防御者可以通过这些端口或枪口直接射击。整体用砖、石、钢筋混凝土等建成，具有极高的防御强度，可以起到容纳和保护里面的人员的作用。碉堡可作为指挥部、弹药库、储存库。碉堡之间常有地道、战壕或交通壕连接。碉堡内部配有机枪、火炮，能防御上方炮火及空中攻击，填补战壕的防御漏洞，有些碉堡还可以抵御毒气和核辐射。

　　对步兵来说，火力强大、坚固无比的碉堡无疑是噩梦般的存在。不过，各国军队还是在惨烈的战斗中摸索出了步兵攻击碉堡的有效战术。

二战时期英国建造的圆形碉堡

　　步兵攻击碉堡的战术取决于很多因素，战场地形、植被密度、道路位置、敌军可互相支援的碉堡位置、类型以及步兵自身可用的支援火力都会影响到战术的选择。以美国陆军为例，其进攻的基本单位是步兵排，下辖各班可以分别攻击不同的碉堡，或者由一个班负责攻击，其余班提供掩护。美国陆军步兵班在进攻碉堡时不同阶段的战术安排如下。

第一阶段：步兵班首先发现敌方碉堡及其附近的掩护阵地。通常而言，找到碉堡和阵地的最好办法就是向某个区域发动进攻，迫使隐藏的敌军开火，单纯通过目视侦察，往往无法找到敌军的位置。

第二阶段：步兵班通过呼叫重型火炮、迫击炮、舰炮的方式对碉堡进行火力压制，同时伴随步兵行动的武器也将提供支援火力，迫使敌军步枪兵和狙击手退回掩体寻求掩护。该步兵班还可以利用迫击炮清除敌军碉堡上覆盖的伪装植被。

第三阶段：步兵班展开进攻行动，为实施近距离突击的士兵提供火力掩护，后者将使用火箭筒、炸药包和手榴弹摧毁敌军碉堡。在步兵班展开进攻时，己方的重型火炮和迫击炮将用高爆弹和烟幕弹对附近的其他敌军碉堡进行压制，阻止其对受到攻击的碉堡进行掩护射击。

一般来说，步兵进攻敌军碉堡群的过程十分缓慢，步骤也非常复杂，需要不同的几支部队密切配合才能完成。在攻克敌军碉堡后，步兵通常会用炸药包将其炸毁，或用推土机将其射击孔掩埋，以免渗透的小股敌军重新占领碉堡，加以利用。

法国马其诺防线在阿尔萨斯地区的舍南堡入口

燃烧瓶在现代战争中还有没有作用

采用燃烧瓶阻击坦克的做法，最早出现在二战初期的苏芬战争中。当时，芬兰士兵缺少对抗苏联坦克的武器，只能使用燃烧瓶这种非常简陋的武器。而燃烧瓶在这场战争中也有一个绰号，叫做"莫洛托夫鸡尾酒"。因为苏军轰炸机曾用燃烧弹轰炸芬兰的城市和平民目标，但面对国际社会的指责时，当时苏联的外交部长莫洛托夫宣称："苏联飞机没有向芬兰人民扔下炸弹，而是向他们空投面包。"自此，芬兰军民便将苏联燃烧弹称为"莫洛托夫面包篮"，又将他们为苏军准备的这种燃烧瓶称为"莫诺托夫鸡尾酒"，用来招待苏联坦克。芬兰军方在战争中大量生产、使用燃烧瓶，以手或掷石器投掷，给苏军造成了不小的麻烦。

在随后爆发的苏德战争中，由于德军大规模使用坦克进行"闪电战"，给苏军造成了极大的威胁，苏军一开始处于被动弱势，往往要依靠步兵来打坦克，于是易于制造的燃烧瓶便成为了当时苏军和敌后游击队的反坦克利器。而在战争中，苏军士兵也逐渐发现了燃烧瓶的真正作用，其做法是将装满汽油的瓶子点燃投掷在坦克后部的发动机附近或排气口，以达到引爆坦克的目的——由于各国早期的坦克都是使用汽油，而且坦克后部的防护能力较弱，所以将燃烧瓶投入此处是可以让坦克燃烧起来的，此时坦克乘员要么被烧死，要么跳出坦克被严阵以待的敌方士兵击毙。

二战结束后，世界各国的坦克普遍装备了半自动灭火系统，由灭火瓶、管道、喷嘴、控制盒、传感器、报警器等构成，当传感器检测到坦克战斗室／动力室发生火灾时，报警器发出警报，再人工开启灭火瓶，灭火剂通过管道从喷嘴喷出，完成灭火作业，灭火后自动启动增压风机通风排烟。对于动力室的火灾，发动机会自动熄火，发动机风扇停转，以提高灭火效能。半自动灭火系统由于需要人工介入，反应时间长，对于灭火作业十分不利。20世纪70年代，以色列根据第三次中东战争的经验，研制了自动灭火抑爆系统。此后，其他国家也纷纷效仿，为自己的坦克安装了自动灭火抑爆系统。

自动灭火抑爆系统的出现，发动机部位装甲封闭性能的改善，加上现代坦克大都采用燃点较高的柴油发动机，所以使用燃烧瓶阻击坦克的战术不再奏效。

加拿大士兵投掷燃烧瓶　　　　　　　　　　美军士兵练习对抗燃烧瓶

现代战争中还会出现白刃战吗

现代战争中，各种高科技单兵装备层出不穷，刺刀这种古老的武器似乎已经落伍。二战以后，世界上几乎没有发生过大规模的白刃战。那么，现代军队还需要学习拼刺刀吗？

事实上，在伊拉克和阿富汗战争中，刺刀仍在发挥作用。2004 年的一次战斗中，有 20 名英军士兵试图消灭躲在战壕后面的反政府武装。来自英军战车的火力没起到太大作用，弹药已经不多了，所以指挥官命令他的士兵下车拼刺刀。最终，敌人在战斗中死亡了 35 人，其中大部分死于刺刀，而英军付出的代价是 3 人受伤。显然，刺刀并不会完全退出现代战争，它象征着士兵的意志和勇气。

虽然在现代战争中已经看不到两次世界大战时期的大规模白刃战，但是刺杀技术在实战中并非毫无用武之地，例如弹药耗尽或遇到枪械故障时，拿起刺刀，利用有限的空间发挥最大的力量，有效击退敌人，为自己争取胜机，仍是一种有效的实战手段。而在训练中保留刺杀技术训练，更多的是一种战斗精神和勇气的培养。

在刺杀技术方面具有代表性的国家有美国、英国、日本、韩国等。在 20 世纪 60 年代之前，美式突刺被分为长刺和短刺。长刺是先通过屈膝做好预备姿势，然后再一次屈膝并顶脚，将全身力量爆发出来，以刺刀瞄准敌人咽喉等要害部位后往上顶出。短刺则是角度较为水平的刺杀瞄准。美军刺杀技术比较强调枪托击打的动作，美军认为双方近战搏斗时，突刺是派不上用场的，因此劈砍和托击就成为合适的攻击手段，劈砍有时因为枪身太长，刃面对敌人造成的伤害并不大，因此更加快速的托击便是最佳手段。20 世纪 60 年代，美军换装 M16 突击步枪，放弃了以全身动作来换取突刺距离的做法，改为直接用手臂力量将刺刀突刺出去，同时不再硬性规定手持枪托根部突刺，而是直接持小握把突刺，其目的是方便士兵在不用变换握持位置的前提下迅速进入肉搏状态。

美国海军陆战队士兵在步枪上安装刺刀

　　英国军队目前装备有 SA80 突击步枪，这种无托结构步枪缺乏突刺优势，但也能使用刺杀技术。在重视刺刀战的英国军队中，刺杀技术仍是重要训练课目。由于无托结构步枪的枪身长度不如传统步枪，并且难以利用杠杆方式采取垂直或水平托击动作，因而英军除了保留原有的握把据枪动作之外，也有手扶枪托底部的握法，目的是加长突刺距离以及力度。

　　日本刺杀技术被称为铳剑术，其武术气息较浓，不主张用枪身去硬挡劈砍，而是用枪头将对方武器拨开后，再行突刺。同时，在面对扭打混战时，铳剑术也没有比较明确的对策，其套路里没有考虑扭打的动作，就连枪托捶砸的招式也没有，只是片面强调近身肉搏的重要性。所以，旧日本军人在与对手陷入扭打状态时，总是力求尽快拉开距离，再使用刺刀拼杀。在突刺时，铳剑术强调“气、刀、体合一”，从体育科学角度看，就是所谓结合吐气、快速肌肉释放的爆发力。日式突刺尽管限制了刺刀的攻击距离，但比较容易进行下一次攻击，同时也减少了士兵暴露在危险环境中的时间。

　　韩国刺杀技术独树一帜，他们以旧日军铳剑术为基础，融合美式刺杀技术，强调“气、刀、体一致”。训练时，韩军一开始会让士兵对空练习，然后穿着日式护具，手持覆胶木枪练习对刺，以培养士兵的距离感及面对敌人时的勇气。

伊拉克士兵练习刺杀技术

现代军队为何大多保留了单兵格斗训练

在冷兵器时代，短兵相接是主要作战形式，士兵的格斗能力在很大程度上决定了战争的胜负。到了热兵器时代，虽然双方的交战距离越来越远，但也无法做到完全不与敌人近距离接触，必要时仍需进行白刃战甚至近身肉搏。为此，世界各国军队在最大程度上保留了必要的单兵格斗训练。

随着现代化城市日益增多，城市战在未来战争中的地位和作用明显提高，和以往的大兵团作战样式不同，城市战往往是在狭小的街巷中展开的，因此交战双方几乎都是以小股部队的方式进行渗透和作战，短兵相接成为主要的交战方式。由于交战双方缠斗的距离实在太近，这就决定了任何一方都不敢在这个区域内轻易地使用大规模杀伤性武器。

资料显示，大多数城市战的枪战距离都在 20 米以内，74% 的枪战距离在 5 米之内。很多时候，由于交战双方突然近距离遭遇，双方甚至还没来得及举枪就已经纠缠在了一起，近身格斗几乎无法避免，此时谁拥有更强健的体魄，谁拥有更精湛的格斗技术，就成了制胜的关键。

正所谓"狭路相逢勇者胜"，单兵格斗需要的是士兵直面生死的勇气，任何畏战情绪都会让他们立刻失去生命。战时想要活下去，一要靠胆量，二要靠技巧，为了让士兵具备这些能力，世界各国军队的格斗训练都比较严格。

美军士兵练习格斗技术

>>> 如何进行捕俘战斗

捕俘是重要的侦察手段，在敌方高效的隐蔽和反侦察手段下，技术侦察和仪器侦察有时难以准确地侦察到足够的情报。这时，传统武装侦察就发挥了作用。捕俘是通过捕捉敌方俘虏，再通过审讯得到情报的一种重要侦察手段。

捕俘战斗通常由精锐的侦察及特战分队派出精锐小分队执行。其俘虏对象主要是敌方派出的步哨、观察哨、调整哨、班哨以及较小的观察所、雷达站等。捕俘战斗前，要事先对目标进行周密的侦察，掌握其活动的规律。执行任务时应隐蔽接近目标，力争在敌人未发觉前就开始行动，让敌人措手不及，得手后应迅速撤离。

捕俘战斗通常在敌方前沿和敌后实施，因为追求行动的隐蔽性和成功率，人员太多或太少都不行。整个捕俘小队，可根据任务分为捕俘组、支援组、警戒组、指挥组。武器和装备方面，可按需求携带步枪、机枪、狙击步枪、微声冲锋枪、榴弹发射器、匕首枪、侦察仪、夜视仪、热像仪、电台、手铐、绳索等。捕俘战斗的过程可分为以下几个阶段。

（1）**传达任务，做好战斗准备**。小队长受领战斗任务后，应迅速召集全队传达任务，并对队员进行任务分工。之后，队长督促全队迅速检查武器、弹药、装具，在上级规定的时间内做好准备并向上级报告。

（2）**进入战斗区域**。捕俘战斗首先要解决"进得去"的问题，可根据战场环境因地制宜，采取伞降、机降、乘坐轮式车辆、徒步等方式进入作战地域。

（3）**捕俘前的侦察准备**。小分队应利用望远镜、侦察仪、热像仪等装备对可能存在敌情的区域进行侦察，应重点侦察敌方的固定岗哨、游动哨、步哨、卫兵、人少的观察所等，还需要摸清岗哨的活动规律、换班时间等。

（4）**定点设伏**。在摸清敌方岗哨的活动规律后，通常在敌人必经之路上定点设伏。对活动敌人的捕俘成功率高于固定岗哨。通常捕俘组和支援组隐藏在道路两侧，警戒组占领制高点进行警戒、实时通报敌情，指挥组协调指挥各组行动。

（5）**捕俘**。成功的捕俘战斗往往不开一枪，一旦敌人开枪就代表捕俘战斗已经失败一半。捕俘要求行动果断迅速，在敌人进入捕俘区域后，捕俘组利用平时捕俘训练的套路，迅速将敌人放倒。支援组在捕俘组捕俘失败、无法控制俘虏时前去支援，或者使用微声冲锋枪进行补枪并在捕俘成功后迅速对俘虏进行捆绑。成功的捕俘往往时间极短，敌人来不及反应就已经被捆绑到位。

（6）**撤离**。捕俘成功后应该迅速撤离，绝不恋战，以防被敌人发现和避免不必要的报复。

美国陆军和印度陆军进行战术交流

埋伏在山坡后方的伊拉克士兵

武装泅渡时需要注意哪些问题

　　武装泅渡是指士兵在着装、携带武器装备的情况下，泅渡江、河、湖、海完成军事任务的一种技能，是士兵必须掌握的军事实用技能之一。

　　泅渡前，士兵必须严格整理服装与装备，做到衣裤不兜水，随身装备不松散。整理方法为解开领口，把衣服、裤子的口袋翻出来，并把衣袖、裤腿平整地卷到上臂和大腿的适当位置，但不能卷得过紧或过松，并用带子扎牢以防途中滑脱。将鞋插入腰带，鞋底要朝外。

　　士兵应将所携带装备重量均匀分布，避免集中在身体某一部位。若重量集中在上半身，则会出现呼吸困难、换气费力的现象；若重量集中在下半身，则会出现腿部下沉明显、蹬水无力的现象。

美国陆军士兵练习武装泅渡

在泅渡过程中，一般应采用蛙泳姿势，以保持身体平衡、观察水面动静，并使游动声响降低。蛙泳武装泅渡的技术与正常的蛙泳技术不同之处在于，武装泅渡时两臂划水稍向下压，两腿蹬水时稍向后下方，小腹微收，使两臂浮起，便于保持身体平衡和防止下沉。蹬腿与划臂的力量要适当加大，呼吸要充分。

多名士兵一起泅渡时，要按照"强弱搭配，快慢互补"的方法编排人员，以便互相协助。一般来说，要把游泳技术较差的士兵排在队伍中间，技术一般的士兵排在前面，技术较好的士兵排在后面，以便随时帮助落队士兵，起到收拢队形的作用。另外，应在队伍最前方安排一名游泳技术过硬的士兵负责领渡，完成排头开浪任务。

如果士兵在泅渡过程中发生抽筋现象，一定要保持镇静，然后再根据不同情况进行合理的施救。施救的目的是使痉挛的肌肉得到缓解，在水中主要是采取缓慢牵拉肌肉的方法，以使痉挛的肌肉慢慢放松。

如果有士兵溺水，战友将其从水中救出后，应迅速清理溺水士兵鼻腔及口腔里的泥土和异物，并将其舌头拉出。按压其腹部，帮助其将水排出。还要及时实施人工呼吸，进行心肺复苏，并且及时送至医疗点进行救护。

美国海军陆战队士兵练习武装泅渡

现代陆战是否需要挖掘战壕

　　战壕是热兵器时代用作防御作战的工事。在两次世界大战中，战壕是一种非常有效的步兵防御手段，它可以帮助步兵有效避开敌方炮弹和子弹的攻击。战壕的布置相当讲究，壕沟的位置、深度、宽度都需要周密计划，这些计划需要根据士兵体型和地形而定。此外，散兵坑的位置、临时指挥部的位置和伪装措施、火力点的设置、机枪的射界、防炮洞的设计，甚至排水沟的设置，都是挖掘战壕时必须考虑的因素。

一战时期战壕的典型布局

　　二战以后，随着科技的发展，各种重武器和精确制导武器的出现，让战壕的作用急速下降。在现代的火炮、火箭弹、云爆弹、航空炸弹、地对地导弹等破坏性极强的武器面前，无论多深的战壕，对士兵的保护作用都很小。就算是有着钢筋混凝土外壳的地下工事，在现代精确制导的钻地弹面前都不堪一击。

　　在现代战争中，机械化运动战已是主流，空中精确打击也成为重要的攻击手段，步兵的作用开始逐渐弱化，交战双方大挖战壕的现象已经很少见了，而且交战人员的数量锐减，两次世界大战中的大兵团对抗场面基本不会再出现。特别是美国参加的几次局部战争，由于压倒性的技术优势，战争的形式发生了很大变化，步兵的战场主要是城市，面对的是以游击战为主的抵抗，战壕由于不可移动因此显得不是很有必要，更多的时候是挖散兵坑。然而，战壕并没有完全消失，作为对峙时的防守措施，世界上仍有多处纷争地区存在战壕。这些战壕更多的时候是作为交通壕使用，用于连接各个火力点，以及人员转移和通信。

海湾战争期间挖掘的战壕

散兵坑的构筑规范是什么

散兵坑是对单兵起防护作用的环形防护工事。对于敌方轻武器火力、炮弹弹片、飞机进行的扫射或轰炸以及坦克的碾压，散兵坑均可对己方人员起到极佳的防护作用。即使只完成一部分，散兵坑也可视其挖掘的深度而起到不同程度的防护作用。

散兵坑可分为单人和双人两种类型。如果上级指挥官未具体规定防护工事的类型，散兵坑的样式可由班长或火力组组长选定。散兵坑的基本构筑规范如下所述。

（1）应以舒适合用为准，尽量缩小目标，以免成为敌人的攻击目标。

（2）宽度应足以使士兵坐在踏踩上时能容纳双肩（约60厘米）。

（3）深度应足以使士兵站在踏踩上能有效地射击或操作其武器，但不得浅于120厘米。

（4）在坑底一端挖掘具有一定深度的排水沟，宽度以能容纳士兵站立为限（这样士兵就有足够的空间舒适地坐下），并能排除雨水。在排水沟的底部应挖掘一条管状防手榴弹槽，其位置一般在踏跺之下呈 30°角斜伸入地下。散兵坑的底部应呈漏斗状向防手榴弹槽倾斜。这样，当手榴弹投入散兵坑时，士兵即可将手榴弹踢入防手榴弹槽，使手榴弹爆炸后产生的破片不至于杀伤散兵坑内的士兵。

（5）从散兵坑内挖出来的泥土应放在周围，并筑成胸墙，但应留出供人员射击时放置臂肘的足够宽度。堆放的泥土不宜太厚，并且应加以夯实。胸墙厚度至少 90厘米，以保护己方士兵免遭敌方轻武器火力杀伤。用散兵坑内挖出的泥土构筑环形胸墙时，胸墙高度约为 15 厘米。

（6）如果用草皮或表土伪装胸墙，应在开始构筑散兵坑之前铲去 1 平方米范围内的表土，堆放在一边备用。在散兵坑挖好之后，再将表土覆盖在新挖出的泥土之上，使散兵坑的外貌与周围的地面保持一致。

（7）在大部分具有不同土质的地区内，恰当构筑的散兵坑能可靠地保护己方人员，避免坦克从任何方向进行直接碾压，伤害散兵坑内的人员。当坦克直接碾压散兵坑时，人员应蹲伏在坑内，头部与地面之间应有 60 厘米的距离。

正在挖掘散兵坑的美军士兵

在散兵坑中待命的美军机枪手

士兵如何提高野外生存能力

在野外作战时，士兵是否掌握足够的野外生存知识，是否具备野外条件下很强的生存能力，能否战胜来自大自然的侵袭和来自敌方的种种威胁，将是完成任务、保存自己战斗力的关键。生存是完成作战任务的基础，完成任务需要具备在各种恶劣条件下生存的能力。从某种意义上说，生存能力就是完成任务的能力，就是战斗力，它的强弱将决定作战行动的成败。对于在野外作战的士兵来说，威胁生存的因素是非常复杂的。但归纳起来大致有两种：一是主观因素，二是客观因素。

主观因素是指士兵的基本素质，如身体素质、知识结构、心理素质等，尤其需要强调的是士兵的主观能动性。士兵是否具有强健体魄，是否训练有素，是否掌握丰富的求生知识，都对士兵的生存能力具有关键作用。一般来讲，士兵的身体越强健，掌握的求生知识越丰富，那么生存的概率就越大。此外，心理素质也尤为重要，无论遇到什么困难，都要冷静地去对待，要保持一种乐观的战斗精神，并使其感染其他战友，强化生存意识，树立必胜的信念，使小队形成强大的战斗力。

　　在现代战场上，士兵单有丰富的知识和强健的身体还不足以在任何地点完成各种异常艰巨的任务，关键还要看士兵是否具有辨识的能力和聪明的才智和主观能动性。士兵要充分发挥主动性，能在生存时灵活变通，能迅速做出决定，能保持冷静和镇定，能很快适应环境，把不利因素变为有利因素，使自己独立生存。

　　客观因素是指来自敌人和大自然的威胁。来自敌人的威胁主要表现在以下几个方面：各种侦察卫星的侦察和监测；侦听设备的布控；夜视器材的运用，传感器的侦察搜索；在重点目标附近布雷；在必经之路上布洒毒剂、设置障碍或进行火力封锁。这些因素都会直接威胁士兵的生命安全，如果生命安全得不到保障，完成作战任务也就无从谈起。因此，影响士兵野外生存最直接、最根本的因素是来自于敌人的威胁。

　　《孙子兵法·地形篇》有言："知彼知己，胜乃不殆；知天知地，胜乃可全。"这里强调了自然气候、地理条件对战争的影响。在战争史上，由于不适应自然环境，造成大量减员乃至战争失败的例子很多，例如三国时期的赤壁之战、二战时期的苏德战争。对于独立作战、无后方供应保障的某些兵种来说，能够掌握在各种环境中生存的技能，就更显得尤为重要了。因此，飞行员、侦察兵、特种兵和海军陆战队员等特殊兵种，平时要全面掌握各种地形的不同特点，研究各种地形对生存所产生的各种影响，并有针对性地进行生存技能训练。

　　总而言之，只有充分了解野外生存的主、客观因素，并弄清这些因素对生存的影响，才能提高野外生存能力。

美军士兵正在进行野外生存训练

美国海军陆战队士兵从树枝中取水

士兵在野外作战时如何伪装自己

　　在野外作战时，士兵利用地形伪装简便易行且非常有效。善于伪装的士兵，能够与周围环境融为一体，让敌人难觅踪影。懂得如何利用自然环境，是成功伪装的重要因素。不破坏周遭环境，尽量与环境融为一体，是伪装的最高指导原则。

　　利用地形伪装有两种方法，一是利用地形的遮蔽能力。在战场上，高低起伏的地貌和凸出地面的地物，都能造成不同范围的观测盲区。在山岳丛林地带，草深林密、山岭起伏、沟壑纵横，是单兵隐蔽及活动的天然遮障。如能充分加以利用，敌方很难发现目标。二是利用有利的自然背景降低目标的显著性，使自己处在与服装颜色相似的背景上，或者利用阴影和暗色的自然斑点，尽量避免使自己的身体形状投射在明亮单调的背景上，以降低暴露的可能性，使敌难以辨别和发现。

　　士兵要融入自然环境，就要对当时当地的色彩、条纹、树枝形态、植被密度有所了解。在转移阵地时要养成根据周边景物的变化，随时改变自己伪装的习惯。例如，在树林中隐蔽时，最好给作战服插上树枝树叶。而转移到草地时，要及时丢弃树枝，换成草堆伪装。当然，士兵毕竟不是变色龙，不可能在行进过程中随时随地根据环境变换伪装。但无论如何，都要牢记一条基本原则：在战场条件无法满足成功伪装的要求时，应尽量使用深色进行伪装。因为人眼对深色物体的敏感度要远低于浅色物体。

　　在野外作战时，要牢记不要站在浅色的岩石上，它可以将人的轮廓清楚地映衬出来。同时，当敌人准备射击时，浅色的岩石又会使步枪的黑色缺口、准星看起来很清楚，便于敌人瞄准。另外，在山地行进时，背景色的原理同样有效。一名训练有素的士兵，不得不沿山脊行进时，他一定会想办法压低自己的身体。对于隐藏在山下的敌人来说，天空是最好的背景，他可以清清楚楚地发现和瞄准山脊上的人。

隐藏在枯树中的美国陆军士兵

当地形条件不足以获得伪装效果时，就必须采取人工措施来加以伪装。士兵的人工伪装主要是处理好服装、头部和武器的关系。

各国军队在野外作战时都配备有迷彩服等伪装性质的衣服，可对付敌人的可见光侦察和近红外侦察。当没有制式的伪装服时，可用泥土、石灰、煤灰等材料加上胶合剂，涂抹军服、麻片、帆布等制成与环境相应的应用伪装衣，或者根据背景颜色把网状织物编扎上布条、杂草、树枝等制成伪装衣。此外，还可用小树枝、杂草、布条等编成伪装带，使其缠绕在上身和头部，以改变身体的外形，降低显著性。

对于头部的伪装，可给钢盔涂刷不规则的斑点图案，或者用暗色粗织物、小布袋、网套做成盔罩套在钢盔上，并在其上编插树枝等伪装材料。另外，也可在距钢盔边缘 1 ～ 5 厘米处套上橡皮带，并插上树枝等材料进行伪装。

对于枪械，可用暗色宽布条缠绕，或缠绕捆有草束等的伪装带。这种做法主要有以下几个好处：（1）可以防止枪械的金属部件和木制部件涂漆产生的反光；（2）可以避免枪械与周围硬物发生磕碰而产生声响；（3）可以降低枪身的红外特征。

正在涂抹面部迷彩的以色列女兵

>>> 士兵在野外作战时如何隐蔽行进

在野外作战时，士兵行进的时间远比作战的时间多。在没有准备好与敌人正面交锋时，就要灵活运用行进技巧，避开敌人的搜索和攻击。除了正常行走以外，士兵在野外作战时最常用的行进方式是低姿匍匐、高姿匍匐和跃进。

低姿匍匐时，身体的着弹面积最小。在需要穿过只有低矮隐蔽物的地方，且处于敌人的火力控制之下或敌人正在实施侦察时，可使用这种行进方式。低姿匍匐时，身体应平贴地面，用扣动扳机的手紧握枪身前方枪带挂钩处的枪带，保持枪口斜朝上，拖枪行进。行进时，双手拉动身体，用腿将身体向前推，如此反复进行。

高姿匍匐比低姿匍匐速度快，但着弹面积也有所增加。当隐蔽较多，且敌人的火力使士兵无法站立行进时，可使用这种行进方式。高姿匍匐的动作要领为用手肘和膝盖支撑身体并移动，身体离地，双手持武器。在移动时，右肘配合左膝与左肘配合右膝交替使用。

跃进是最快的行进方式。为了防止敌人的机枪和步枪追踪射击，每次跃进的时间必须控制在 3～5 秒。跃进过程中切记不可停下来站在空旷地带，否则将会立刻成为敌人优先打击的目标，招致猛烈的攻击。在跃进前，一定要尽量选择有掩体或隐蔽的路线。跃进前，如果士兵在某阵地进行过持续射击或者明显暴露，这会让士兵的位置更为敌人所关注，他们的枪口可能已经瞄准士兵会出现的位置，随时开火，所以在跃进之前，要从阵地翻滚或爬行一小段距离，脱离阵地正面，从其他位置发起冲击。也可朝阵地的一个方向抛出沙土或者醒目物体，然后立刻从阵地另一侧跃出，总之一切目的在于发起跃进冲击前干扰敌人的判断。如果必须通过空旷地带，面对敌人正面火力，应该以"Z"字型路线跃进。在跃进过程中，一旦在同一个运动方向或运动姿态持续 2～3 秒后，必须随机变换姿态、方向，如向右或向左翻滚。

在丛林中跃进的美国海军陆战队士兵

　　士兵在自然环境中行进时，应选择隐蔽的路线，而且最好是利用暗夜、浓雾行动。利用树林时，要距树林边缘 10 米以上，以免被敌人透过林木间隙发现。遇到林间空地最好绕行或匍匐通过。走出树林前应先仔细观察，确认不会暴露再行动。在通过光秃透空的岗顶时应沿斜坡绕行，如必须从岗顶通过，则应采用低姿匍匐前进的方式通过。

　　夜间行动时，要仔细地固定好装具；行走时脚要高抬轻放，并尽量沿松软的地面行动，必要时可在鞋上缠布条，以减小声响。夜间遇到敌照明时，应立即卧倒，面部朝下。此外，夜间行动还不能发出亮光。吸烟是绝对禁止的，特别是在靠近敌方阵地行动时。看地图必须照明时，应在手电筒上包暗色布，并尽量选择遮蔽的位置。

　　行动时要尽量注意消除痕迹，必要时可伪造痕迹来迷惑欺骗敌人。每名士兵在宿营或监视活动之后，要确保收集起所有包裹内的物品，甚至人体的代谢物。任何可以表明有人类存在的遗留物，都有可能让敌人发现行踪。

　　士兵在行动时还要保持高度警惕，随时注意观察和倾听周围的动静，争取先敌发现，力避被动。一般要避开那些会有人经过的大路、桥梁和小径等通行路线，尽量沿路边低矮茂密的灌木丛而行，以保持隐蔽，同时为己方找到行军方向。在士兵离开一个隐蔽之处时，他应该清楚地知道他将行至何处，到达目的地所需时间，一旦被发现将奔向何方。

在山林中秘密前进的美国陆军士兵

二战德军步兵班如何实施攻击行动

二战时期，德军禁止步兵班实施单独的攻击行动，如果步兵班的确独自遭遇敌情，应该立刻呼叫支援或随时准备撤出战斗。德军最小的可以单独发起攻击的单位是排，步兵班必须作为排的一部分加入攻击战斗。一般而言，德军的一个排包括4个班。

德军将攻击行动分为以下几个阶段：准备、部署、前进、攻击、突破。不过在实际战斗中，很多阶段会因战场变化而省略。

在准备阶段，步兵班会从上级处领取战斗任务，并根据任务进行装备整备。班长此时要确保班里所有人的装备齐整，弹药充足。机枪此时应该从运输设备上卸下并组装完毕。各班班长确认准备完毕后，就要带领自己的班组进入部署阶段。

在部署阶段，班长需要负责将所有成员指派到战斗位置，并根据地形、上级指令、敌人火力、其他班组的情况调整自己班组的战斗队形。

当所有的单位都进入战斗位置以后，就进入前进状态。在这一状态下，实施突击任务的班组会利用地形掩护排成纵队前进，这样可以留出足够的空间给后方阵地上的重火力进行火力支援。如果此时突击班遭遇敌方火力打击，而己方重火力又无法支援时，步兵班就要利用自己的火力短暂压制敌方，这时就需要用到一种被称为"开火和移动"的战术。通常情况下，突击班此时会被分成两部分，其中一部分掩护另一部分先行移动，待队友离开火力范围后再撤出临时阵地。这种战术也经常用于班与班之间的火力配合。如果需要通过的地域被敌方炮兵的火力覆盖，步兵班应该尽量远离这些被覆盖的区域，如果无法远离，就只能冲过去。

当突击班前进到预定区域时，则将进入攻击阶段。这一阶段的行动与前进阶段类似，不同的是在前进阶段，所有参与攻击的人员应该着重关注突击班的移动，避免开火带来的延误，只有在突击班遇险时才开火射击。而在攻击阶段，开火射击变得更为重要。在这一阶段，突击班后方阵地上的重武器会火力全开，将榴弹炮、步兵炮、重机枪的火力全部倾泻到敌方阵地上。这么做的目的是清除敌方阵地上的永固工事和火力点。

德军步兵手册对前进和攻击阶段的说明是这样的："突击班没有在前进中开火消灭敌人的义务，突击班在前进中遭遇的所有抵抗都应该由支援火力予以清除，突击班要在最后一刻冲上敌人阵地，用步枪、手雷和刺刀赢得攻击的最后胜利。"也就是说，在这两个阶段，步兵班应该继续保持前进，而避免开火。突击班应该移动到离敌方阵地最近的地方（大约离敌方阵地100米），准备最后的突破行动。

当突击班移动到合适位置后，突破开始。此时，步兵班应该用最快的速度向前冲锋，并开火射击。最好可以有多个突击班从不同的方向同时展开突破行动，这样可以分散敌方的火力。不过这种多班组的行动应该由排长安排，不属于步兵班的战术范畴。

在最后的突破中，步兵班应该发挥自己所有的火力，机枪会在突破前架设在合适的地点，并在保证不会误伤己方人员的情况下向敌人射击。如果无法架设机枪，机枪手应该端起机枪与步枪兵一起前进。其他班组在有条件的情况下要对突击班展开火力支援，或者从其他方向参与攻击。当突击班进入敌方阵地后，步枪兵要往敌方指挥所投掷手雷，首先击杀敌军指挥员，并在手雷爆炸后冲进指挥所扫清残敌。

一般情况下，德军的步兵排会配备迫击炮，这些迫击炮将会在突击班行动时持续攻击敌军阵地的重要连接点（如战壕连接处），阻止敌方援军进入阵地。重机枪会配备在突击班的两侧，为突击班扫清障碍并摧毁或压制敌方火力点。当突击班得手后，突击班班长要就地建立阵地，以便后续部队及时跟上，并阻止敌方可能的反击。

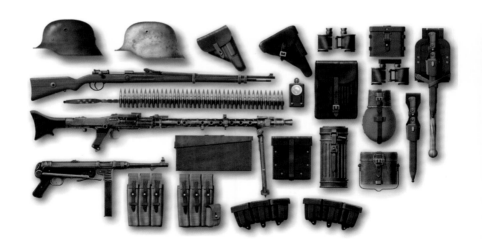

二战德国陆军步兵装备

步兵战场接敌时的前进动作有哪些

步兵要在战场上有效地躲避敌方火力杀伤和消灭敌人，必须熟练掌握和灵活应用战术基础动作，尤其是战场接敌时的前进动作。一般来说，前进动作可分为以下三类。

（1）屈身前进

屈身前进是战场上接敌最常用的一种运动动作，可分为慢进和快进两种姿势。屈身慢进通常是在距敌较远，有超过人类身高的遮蔽物，以及敌情不明或敌方火力威胁不大的情况下采用。运动时，通常应双手持枪（也可单手持枪），上体前倾，两腿弯曲，屈身程度视遮蔽物的遮蔽程度而定，头部一般不可高出遮蔽物。前进时，注意观察敌情，保持正常速度前进。

屈身快进也可称为跃进，通常是在距敌较近，通过开阔地或敌方火力控制区时采用。快进前，应先观察敌情和地形，选择好路线和暂停位置，而后起立快速前进。运动中，通常是单手持枪（也可双手持枪），枪口指向前上方，并注意继续观察敌情。前进的距离掌握在 15 ~ 30 米为宜。当进至暂停位置或运动中遇到敌方火力威胁时，应迅速就地隐蔽或卧倒，做好射击或继续前进的准备。

屈身前进的美国陆军士兵

（2）匍匐前进

士兵在敌方火力威胁较大、自身处于卧倒状态下，如发现近处（10 米以内）有地形或遮蔽物可利用时，可采用匍匐前进的运动姿势向其靠近。根据地形和遮蔽物的高低，匍匐前进又可分为低姿匍匐、侧身匍匐和高姿匍匐三种姿势。

低姿匍匐是身体平趴于地面的运动方式，一般是在前方遮蔽物高约 40 厘米时采用。低姿匍匐携步枪的方法有两种：一种是右手掌心向上，虎口卡住机柄，五指握枪身和背带，将枪置于右小臂内侧；另一种是右手食指卡握枪背带上环处，并握枪管，余指抓背带，机柄向上，将枪置于右小臂外侧。行进时，身体正面紧贴地面，头稍微抬起，屈回右腿，伸出左手，用右脚的蹬力和左手的扒力使身体前移，然后再屈回左腿，伸出右手，用左腿的蹬力和右手的扒力使身体继续前移，依次交替前进。

侧身匍匐是在前方的遮蔽物高约 60 厘米时所采用的一种运动方法，其特点是运动的速度稍快，但姿势偏高。携步枪运动时，右手前伸握护木将枪收回，同时侧身，使身体左大腿外侧着地，左小臂前伸着地，左大臂支撑身体，左腿弯曲，右脚收回靠近臀部着地，以左大臂的扒力和右脚的蹬力带动身体前移。如果前方遮蔽物高约 80～100 厘米时，也可采取高姿侧身匍匐方式，让左手和左小腿外侧着地，以左手的支撑力和右脚的蹬力使身体前移。

高姿匍匐一般是在前方遮蔽物高约 80 厘米时采用。持枪前进动作为：左手握护木，右手握枪管，将枪横托于胸前，枪口离地，用两肘和两膝支撑身体，然后依次前移左肘和右膝，如此交替前移。有时，也可采取低姿匍匐携枪方法。

美国陆军士兵练习匍匐前进

（3）**滚进**

滚进是在采取卧姿时，为避开敌人观察、射击而左右移动或通过棱线时采用的运动方法。动作要领：在卧倒基础上滚进时，将枪关上保险，左手握枪于表尺上方，右手握枪口附近或两手握上护木，枪面向右，顺置于胸、腹前抱紧，两臂尽量向里合，两脚腕交叉或紧紧并拢，全身用力向移动方向滚进。

直（曲）身前进中需要滚进时，应左（右）脚向前一大步，左手在左（右）脚外（内）侧着地，身体尽量下塌，右手将枪挽于小臂内，枪面向右，身体向右（左）转，在右（左）臂、肩着地同时，向右（左）滚进。滚进时，右（左）腿伸直，左（右）腿微屈，滚进距离较长时可两腿夹紧。滚进适当位置时，如需射击，应迅速出枪，呈卧姿射击姿势。

正在练习滚进的美国陆军士兵

军事自由跳伞的两种战术有何区别

根据美军战地手册，军事自由跳伞（MFF）是理想的人员投送手段，包括且不限于渗透部队、机组人员、先遣开路人员、特殊战术小组等。MFF 主要应用于地形交通限制、敌方防空覆盖、政治敏感区域条件下执行秘密任务使用。MFF 人员在任务区外跳伞，使用滑翔伞空中机动进入目标任务区并降落，以规避敌方防空火力打击和激化敏感地区（避免领空跨越或空域申请引起事端）局势。

MFF 最初是作为一种渗透战术加以应用的，为部署于越南的美国陆军特种部队所采用，该举措大获成功。之后，美国联合特种作战司令部直属的两支特种部队，即海军"海豹"突击队以及陆军"三角洲"特种部队，将该战术细分成了高跳低开（HALO）和高跳高开（HAHO）两种战术。

高跳低开，指的是在 35000 英尺（约 10668 米）平均海拔高度离机，在低于离地高度 6000 英尺（约 1829 米）的高度开伞。适用于防空力量比较弱的区域，并且要求离机位置不能偏离降落点太远。

高跳高开，指的是在 35000 英尺（约 10668 米）平均海拔高度离机，在离地高度 6000 英尺（约 1829 米）的高度开伞。适用于防空区外投送（飞机不进入防空区），并且能在不被发现的情况下深入敌后。

高跳低开和高跳高开是一个技术框架下的两种产物，因此执行细节不同（还有执行高度的不同），所用装备也会有差异。MFF 用的伞具中比较常见的是 MC-4 滑翔伞。除了伞具和背包之外，MFF 伞具都会加上一个自动开伞器（ARR），以确保在预设高度开伞。ARR 的预设高度通过专用的高度计算器计算确认后由跳伞长（Jumpmaster）设置输入。因为高跳低开和高跳高开都需要滑行到指定地点，每个跳伞队员身上都必须装备导航面板（大多是胸口位置），面板上有 GPS 导航装置和罗盘。位置充裕的话还可以加上地图和高度计。

民间表演大多为海拔 2000 ~ 2500 米，这个高度不需要考虑供氧问题。而 MFF 的高度则取决于任务需要，需要的滑行距离越远，所需高度就越高。当跳伞海拔超过 6000 米以上高度时，跳伞前就要开启随身供氧系统，氧气瓶就绑在跳伞队员身前。因为需要夜间执行任务，MFF 的伞具和人员身上都会增加可见光识别附件（MFF 跳伞过程中禁止使用头戴夜视仪）。

　　因为跳伞的特殊性，MFF 人员身上除了伞包和挽具之外，还有各种五花大绑的任务装载。武器要捆扎固定，包具还要专门处理。伞降装具不仅仅是背包，还有一套带有快速释放功能的伞降专用携行系统。这样设计的主要原因是为了让伞降人员在接近地面时减轻重量，减少冲击力，降低受伤概率，提高安全性。

　　常规空降部队的大规模伞降活动采用的是强制开伞（固定索开伞）方式，俗称"拉绳跳"，它与 MFF 的区别较大。拉绳跳用的都是圆伞和方伞（圆伞的变体），而 MFF 用的则是滑翔伞。拉绳跳在机舱内就需要将开伞绳紧扣舱内的专用固定索。跳伞队员依次离机之后，定长的开伞绳会因为固定索的阻滞而直接拉开伞包，放出导引伞，随后主伞开启。MFF 虽然也是一样先开导引伞，再开主伞，但是开伞由人手操作，在空中自由落体的过程中进行的，而不是在机舱内。此外，因为开伞时间滞后，MFF 在降落过程中有一段是自由落体运动，下落速度非常快。而拉绳跳是立即开伞，下降速度没有那么快。

美国陆军空降兵进行跳伞训练

美国陆军空降兵进行高跳低开训练

步坦协同战术为何经久不衰

　　步坦协同是坦克与步兵之间的一种协同作战方式。作战时，坦克利用其高机动性、防护性和越野能力为步兵开路，突破敌人的防御阵地和消灭敌方的火力点，而步兵则为坦克侦察道路、排除障碍物、指引目标，清除可能对坦克造成威胁的火力点，二者相互掩护，逐次突击，最终达到分割包围敌人或突破防线的目的。

　　早在二战时期，步坦协同战术就已被大量应用到各个战场上。二战中后期，已经很少出现单纯由坦克执行作战任务的现象。绝大多数情况下，坦克无论是执行进攻任务还是防御任务都需要步兵的伴随支援，没有步兵支援的坦克很容易被击毁，而且其获取的优势也没有太大意义。这主要是由于步兵反坦克能力的提高，即便坦克已经突破敌方阵地，敌方士兵也不会再像初期那样表现得惊慌失措，他们仍旧会据守现有阵地，对坦克后方的步兵部队进行杀伤和压制。而那些突入敌人后方的坦克也并不安全，纵深处经常部署有强大的反坦克阵地和障碍，它将粉碎坦克任何向纵深挺进的企图。在库尔斯克会战中，苏军的步兵阵地即便被德军坦克突破，苏军士兵也不会选择撤退，他们残存的火力将打击后方跟进的德军步兵，致使德军坦克的突破变得毫无意义，不得不折返回来支援步兵作战，来回的奔波消耗了宝贵的时间，也使德军的进攻变得愈加缓慢。显然，胜利将取决于坦克和步兵密切协同作战的一方。

二战初期将坦克分散编入步兵部队的做法是非常错误的，将坦克集中起来发起决定性的突击才是更好的选择，德军正是依靠大编制的装甲集群才取得了一次又一次胜利。坦克的集中使用使军队具备纵深的进攻能力，可以迅速地威胁到敌人的大后方，从而瓦解其抵抗的意志。当时盟国军队的防御纵深都过浅，一旦防线被德军坦克突破，依靠步兵几乎无法重建，而且各国步兵的反坦克能力普遍较弱，几乎无力阻止大量坦克的集中突破。后方的战役预备队实力太弱，而且大部分是非摩托化的步兵部队，机动能力太差，根本赶不上敌方装甲部队的进攻节奏，自然也无力阻止他们的前进。

后来，随着阵地防御纵深的极大拓展和部队反坦克训练的不断强化以及反坦克武器的迅速发展，坦克在作战中遭遇的克星越来越多，经常被步兵从侧翼击毁或击伤，所以仅靠坦克已经无法完成主要作战任务。坦克必须得到步兵的有效支援，并确保薄弱的两翼和后方不会遭到袭击，坦克的进攻速度开始变慢，只有在突破敌方的战术防御阵地后才能展开迅猛的追击。

时至今日，现代坦克的主被动防护系统已经足够强大，但依然离不开步坦协同战术。只不过现代的步坦协同战术已经不像二战时期那样坦克在中间走、步兵分布在坦克侧后方伴随前进，而是由装甲输送车、步兵战车搭载步兵伴随坦克作战。因为现代坦克在参加战斗时通常要外挂反应／复合装甲并搭载主动防护系统，反应装甲和主动防护系统在工作时会给坦克四周 15 米范围内的人员造成杀伤，这也使在现代战场上步兵不可能再紧贴坦克作战，只能先通过乘坐步兵战车、装甲输送车到达作战目标附近之后下车，然后再寻找距离坦克 30 米外的掩体或制高点才能加入战斗。步兵和坦克都已到位的话，己方坦克就利用火力压制敌人，步兵也能保护坦克不被敌人近距离偷袭，这样的步坦协同战术进可攻、退可守，敌人每前进一步都将付出惨重的代价。

藏身在 M1 "艾布拉姆斯" 主战坦克后方的美国陆军士兵

美国陆军步兵搭乘 M1"艾布拉姆斯"主战坦克

奥地利陆军士兵以坦克为掩蔽物

蛙跳战术的主要优点和基本方法是什么

蛙跳战术，也称跳岛战术，是指直升机运载地面部队采取分段起降、逐点突击的方式对敌人发起进攻。因其类似青蛙跳跃方式，故称蛙跳战术。这种战术可以充分发挥直升机超低空飞行性能好、对起降场要求低等优点，避开敌方的防空火力拦截，超越地面障碍，飞抵敌方前沿或浅近纵深，出其不意地实施连续打击。

蛙跳战术起源于二战时期太平洋战争中的越岛进攻。1943 年 6 月～1944 年 7 月，美国陆军麦克阿瑟上将指挥太平洋盟军，多次采取避实击虚、层层深入的方法，跳过日军重兵防守的岛屿，实施纵深两栖登陆作战，夺取了太平洋战争的胜利。

蛙跳战术不仅可以用于岛屿攻坚战，也可以用于一般的陆地战争。1971 年 2 月，美军在越南战争中，使用 600 余架直升机，运载 3 个旅（团）的兵力，以蛙跳方式逐步向前推进，先后在 10 个高地成功实施机降，开创了直升机实施大规模蛙跳作战的先例。在 1982 年的英阿马岛战争中，英军采取蛙跳战术，成功地避开了阿根廷军

搭乘直升机的加拿大陆军士兵

队的重点防守地段，逐次夺取了岛上的战术要点。1991 年 2 月，美军在海湾战争中使用第 101 空中突击师从"前进基地"跳至"前方作战基地"再跳至"作战区域"，经两次跳跃，前进数百千米，切断了伊拉克军队地面部队的退路，大大加快了战争进程。

实施蛙跳战术，要根据任务、敌情、地形和武器装备性能，合理安排兵力规模，科学编组，灵活选择起降地域，合理控制蛙跳距离；周密侦察、选准目标，把握时机、快速机动，猛烈突击、协调配合；视行动规模采取一点集中跳跃、一点多波次跳跃、多点同时跳跃和多点逐次跳跃等方式，隐蔽机动，突然实施。

蛙跳战术的基本方法：根据总的作战意图和担负的作战任务，利用直升机运载突击部队、分队，在其他军种、兵种的密切配合下，对敌方纵深要点实施超越攻击。完成当前任务后，按预定作战计划，机动至下一个要点，组织第二次突击。依次跳跃式攻击，直至达成作战目的。达成作战目的后，迅速退出战斗或转换作战行动。

未来，随着信息技术、直升机技术及机载武器装备的不断发展，陆军航空兵的空中机动力、突击力将不断增强，蛙跳战术将得到进一步发展和完善，并将成为陆军航空兵作战的重要方法。

德国国防军士兵搭乘直升机

城市战中如何构筑防御工事

　　一般来说，构筑城市战用防御工事也要符合一般阵地的要求，如防护、疏散、隐蔽、便于发扬火力等，但城市地形的特点对防御工事的构筑产生了很大的影响。大量建筑物虽使构筑工事有了现成的基础，但也对防御工事的构筑提出了新的要求。

　　被选为防御阵地的建筑物要满足以下要求：可以提供一定的防护能力；有坚固的地板，避免被上层建筑产生的瓦砾压垮；墙壁要厚实，并且用防火材料建造；位置位于转角处和突出部，可用火力向多个方向射击；邻近街巷、空地和停车场等开阔地带，以提供良好的射程和射界；可以储存较多的军用物资，以提供在被孤立情况下较长时间的独立作战能力。满足要求的建筑物会对敌方火力有一定的防护力，但却并不一定能起到完全的防护作用。在作战时，一般还需要在建筑物墙体内侧使用沙袋、装满沙土的家具或其他填充物进行加固，以提高防护力。

　　建筑物的窗户可以用来充当武器的射击位置，但需要经过相应的改造才能符合使用要求。窗户首先需要去掉所有玻璃，以防被击中破碎后飞散伤人，然后使用沙

美国陆军士兵在围墙后方架设轻机枪

袋加以堵塞，仅留出射击孔即可；也可以用网状遮蔽物遮住窗口，仅在射击时占领窗口阵地，其他时间则隐蔽在墙后。在很多影视作品中，即使在有防御准备的情况下窗户也是完全敞开的，这是一种非常致命的错误。另外，士兵应该占领窗口的侧面而不是正对窗口，这样可以降低被对方发现的可能性；在窗口对面有更高建筑物的情况下，为了避免被来自高层建筑物中的敌军火力击中，可以将桌子等家具靠近窗口垫高射击位置；如果窗口位置过高或过于暴露，应该避免使用窗口作为射击孔，可以将窗户用沙袋或其他材料完全封死，以免敌军火力从这里射入建筑物内。为了便于向敌方投掷手榴弹，封死窗户的材料也可以制作成可移动式的，移开后投掷手榴弹，随后应再移回封住窗户。

建筑物的门一般最便于通行，因此除了以火力严密封锁的门或留下作为己方撤退或补给增援的通道门之外都要封闭，且以沙袋或其他材料加固；在门外可以设置爆炸性障碍物加以封锁。

走廊是敌人突入建筑物后主要的通道，如果己方不准备利用的话可以用家具或铁丝网封锁，并且要以火力加以封锁以防止对方沿走廊扩大战果。楼梯也一样，如果不打算使用就加以封锁，必要时还可以在楼梯上设置爆炸性障碍物。

己方在建筑物内上下层之间运动时，可以采取打穿楼板、使用梯子上下的方式，当梯子不用时要移开以免敌方利用。建筑物内，尤其是居民楼内通常都有大量可燃物体，如木制地板、天花板以及家具等，因此应采取严格的防火措施。在可能的条件下，应该拆除或移除房间内的可燃物体，或者在地板上铺上一层较厚的沙土以防起火，此外还应该预先准备灭火器材，以便及时扑灭火灾。

在现代条件下，来自空中的攻击也是对据守建筑物一方的重大威胁，如果建筑物是平顶更是如此，这就需要设置障碍物阻止敌方直升机的降落或机降兵的索降行动。将相邻建筑物连接起来的通道也需要加以封堵，否则敌军可能采取攻占一个建筑物后从通道进入相邻建筑物内部的方式扩大战果。

城市中的建筑物由于不是专门用于作战的掩体，其建筑高度一般都很高并且垂直于地面，这样就带来了一个很大的弊端：在被敌方火力击中时容易发生垮塌现象，如果不采取相应的防护措施，就可能被垮塌的建筑材料砸中而导致伤亡。因此，在建筑物内部士兵射击位置的上方需要加以遮挡，一般可以采用将桌子等家具置于射击位置处，桌子上堆积沙袋增强防护力，士兵钻到下方占据射击阵位，这样就可以在很大程度上避免被砸中。

躲在掩体后的美军士兵

城市战中如何选择射击位置

在城市战中，无论进攻、防御还是撤退，成功与否都取决于士兵能否精准射击敌人，同时尽量隐蔽自己，免受敌人攻击。这就要求士兵能迅速寻找和正确利用射击位置。一般来说，城市战中的射击位置可分为两种，一种是仓促射击位置，另一种是预设阵地。

仓促射击位置通常应用于进攻作战或防御的早期，可以是士兵主动修建，也可以是在敌人的打击下被迫修建，一般修建前都缺乏必要的准备。城市战中，常见的射击位置有建筑物拐角、断墙、窗户、孔洞、房顶等。

（1）**建筑物拐角**。士兵必须能熟练地用两侧肩膀射击，以有效地利用拐角，常见的错误就是用错肩膀，导致自己身体的暴露面积过大。另一种常犯的错误是站姿射击，士兵会暴露在敌人预期的位置上，较高的身影会成为敌人很好的靶子。

（2）**断墙**。士兵在断墙后射击时，必须紧贴墙体，不能超出。

（3）**窗户**。窗户提供了一个很好的射击位置，士兵要注意不要站姿射击，那样会把自己暴露在敌人回击火力之下，而且自己的身影在深色背景前也很醒目，枪口火光在夜间更是明显的目标。士兵应该离窗口稍远一些，防止敌人看到火光，要采用跪姿或其他姿势射击，防止自己的形象过于突出。

（4）**孔洞**。士兵可以在墙上开洞用于射击，此时要注意自己的位置，要确保枪口火光不超出洞口，不会被外面看到。

（5）**房顶**。房顶为士兵提供了很好的射击位置，有着很好的视界和射界。房顶上任何突出物如烟囱、烟窗等都可以作为隐蔽物来使用。

澳大利亚士兵在房顶射击

预设阵地是指预先修筑或改造的射击位置，用于向特定区域开火并降低自身暴露的风险。预设阵地主要包括加固的窗户、加固的射击孔、狙击阵地、反装甲阵地和机枪阵地等。

（1）**加固的窗户**

士兵可以用封堵的方法加固窗户，只留下一个较小的射击孔。封堵材料可以是从内墙上取下的，也可以是其他途径得到的材料。封堵窗户时不能只封堵用于射击的窗户，也不能封堵得太过棱角分明，否则敌人马上可以判断出射击位置。

一般来说，士兵在窗户底部射击更为有利，射击位置暴露的更少。窗户下面要用沙袋加固。窗户上的玻璃要去掉，防止碎片伤人。窗帘要保留，因为士兵可以透过窗帘观察和射击，敌人却不能透过窗帘看到里面。武器下方应铺上湿毯子，防止激起尘土。窗口挂上纱窗或网可以防止敌人投入手榴弹。

（2）加固射击孔

虽然窗户是很好的射击阵地，但不能总在一个地方射击。士兵应修筑备用射击位置，如在墙上打孔，用于观察和射击。打孔后可用沙袋堆在墙后射击孔的周围加固，如果阵地在二楼或更高楼层，还应在地板上铺两层沙袋，防止来自下方的爆炸。士兵后方也要用沙袋、碎石、家具等加以保护，还要用桌子、床架等保护士兵的顶部，防止来自上层的爆炸和落物伤人。为了进一步增强安全性，可以在墙上多开几个孔用以迷惑敌人。

美国陆军士兵利用射击孔射击

（3）狙击阵地

烟囱为狙击手修筑阵地提供了很好的位置，房顶的部分建材要拆除，狙击手可以站在房顶下的檩条上或构筑的平台上，只露出头和肩部，在烟囱后射击。狙击手的侧面要以沙袋加固。如果房顶上没有突出物，狙击手应该在面向敌人的房顶下修筑阵地。阵地要以沙袋加固，把房顶材料如砖瓦等拆下一小块作为射击孔。为防止缺失的砖瓦成为敌军识别的标志，别处砖瓦也要拆下几块以迷惑敌人。狙击手和射击时的枪口焰都不能在外面看到。

在选择和构筑狙击阵地时，要注意以下几个问题：尽量利用隐蔽和掩蔽物；不要在掩蔽物顶部射击，尽量在掩蔽物旁边射击；不要把自己的身影暴露在浅色建筑、天空等背景下；在离开旧的阵地前就要谨慎选好新阵地；不要固定射击位置，在封堵和未封堵的窗户处都要射击；暴露时间应尽量缩短；一旦占领一个仓促射击位置，要立即加以改造；尽量用建筑材料加固阵地。

（4）反装甲阵地

在城市进攻作战中，无后坐力武器的尾焰大大限制了士兵选择阵地的灵活性。在为无后坐力武器和反坦克导弹选择阵地时，要尽量用碎石、墙角、拐角、废弃车辆等保护炮组成员。没有时间在墙上打孔和清扫武器后方空间时，可以选择拐角窗户一类的地点，炮弹从一个窗口飞出，尾焰向另一个窗口泄出。房间的拐角可以用沙袋加固。此外，也可以在房顶以烟囱作掩护，阵地后方用沙袋加固。需要注意的是，士兵应多选择几个阵地，以保证需要时可以变换位置，尤其是在原有阵地不能抵挡轻武器火力时。

装备 AT-4 火箭筒的美国陆军士兵

（5）机枪阵地

机枪没有尾焰，可以布置在任何地点。在进攻时，门窗是很好的射击位置，但也是敌人重点观察和射击的目标，所以要避免。在进攻中造成的墙上的孔洞都可以用作射击孔，也可以用炸药炸孔。不管用何种射击孔，机枪都应在室内或阴影里射击。一旦占领建筑物，士兵要立即封堵门窗，只留下小口用于射击。射击中要灵活变换位置。

防御中要广泛地利用射击孔，射击孔的布置不能有任何规律性，不能都布置成地面或桌子的高度，应变换高度和位置以免被敌人识别。假射击孔、成排的孔、临时用非故意造成的孔射击都可以欺骗敌人。灌木丛后、屋檐下、门口立木下的射击孔都难以被敌人识别。可以把机枪布置在墙角和建筑物下的沙袋工事里以加强火力，桌子、沙发等都可以完整地用来加固阵地。

此外，还有一种不常用的机枪布置方法，就是将机枪安置在高处，让子弹越过废弃的车辆、障碍物等以避免被它们遮住射界，这就要求在楼上或房顶寻找精确射击位置，而且要严密伪装。

▶▶▶ 城市战时如何安全行进

城市街巷纵横，建筑物高大、坚固、密集，地下工程设施复杂，作战条件恶劣。熟练掌握城市战中的行进技巧，有利于提高单兵生存能力。行进技巧必须不断地练习，直到成为习惯。城市战中通过不同位置的行进技巧有下述几种。

（1）**翻越围墙**。在侦察墙那边的情况后，士兵快速滚过墙头，身体尽可能放低。高速度和低姿态可以免遭敌人的火力打击。

美国陆军士兵翻越围墙

（2）**穿越拐角**。在穿越拐角之前，必须先仔细观察周围情况。在拐角常犯的错误就是将武器从墙角处露出，暴露自己的位置。探头观察时要低于敌人以为会出现的高度，正确的观察技巧是平躺在地上，避免武器露出，戴好头盔，探出头，能观察清楚即可。

（3）**通过窗户**。通过窗户时最常犯的错误就是露出自己的头部，从而被躲藏在室内的敌人击中。运用正确技巧通过窗户时，士兵的身体要低于窗户，以确保自己的侧面轮廓不会暴露；要沿着建筑物的边缘运动。此时室内的敌人如果要射击就必须把自己暴露在掩护火力之下。通过地下室窗户时同样如此，最常见的错误是没有发现地下室的窗户。不能跑过或走过窗户，那样就给敌人提供了一个很好的目标，应紧贴墙面跳过窗户，避免露出腿部。

美国陆军士兵在通过窗户时屈身行进

（4）**出入门口**。门口通常不能用作入口或出口，因为这些地方肯定已被敌人火力封锁。如果必须从门口出来，就必须尽快冲出，到达下一个隐蔽地点，使自己暴露的时间尽量缩短。此时要强调的是预先观察位置、速度、低姿和掩护火力。

（5）**与建筑物平行运动**。在城市战中，士兵不可能一直在建筑物内部运动，在室外行进时，要利用烟幕、掩护火力和掩体以保证行进的隐蔽性。要紧贴墙角、利用阴影、少暴露轮廓、快速行进到下一个位置。如果建筑物内的敌人射击，他就会暴露在己方的掩护火力之下。

（6）**穿越开阔地**。街道、小巷、公园之类的开阔地带应尽量避免穿越，那是敌人重火力武器天然的歼敌区。但如果掌握一些基本穿越技巧，也能安全地穿越。首先要有清晰的行动计划，并利用发烟手榴弹提供掩护。在建筑物之间运动要走最短的路线，尽量缩短暴露的时间。在向下一个位置运动之前，要目视观察，选择一个最好的隐蔽位置，并选择适当的运动路径。

（7）**小分队在建筑物之间行进**。步兵小分队在建筑物之间行进时是一个较大的目标。从建筑物的一个角到另一个角时，步兵小分队将穿越开阔地带，从建筑物的一个面前往另一个面时，情形类似，应用的技巧也一样。步兵小分队应以建筑物作掩护，在向邻近建筑物运动时，两名士兵之间应保持 3 ～ 5 米的间距，使用预先约定的信号，突然冲出，穿越开阔地带，冲向下一幢建筑物。

（8）**阵地之间的行进**。从一个位置向另一个位置转移时，要注意不要遮挡住自己的掩护火力。一旦到达新的阵地，应立即做好准备掩护己方其他士兵。必须充分利用新的射击位置，压制敌方火力。

（9）**在建筑物内部行进**。当处于攻击之下而在建筑物内行进时，要注意避免在门窗处暴露自己。通过走廊时，要紧贴墙壁，避免成为靶子。敌人经常在门窗处设置诡雷，进屋时应避免触动把手，可以用手枪向插销处点射一发，然后将门踹开。如果发现有诡雷，应做好标记、上报并绕行。进入每个房间之前，最好先向室内投掷手榴弹。

德国国防军士兵在建筑物内部行进

►►► 城市战中如何利用掩蔽物

城区人口和建筑物密集，敌我双方交战距离近。这种环境的掩蔽物多，对交战双方造成的障碍也较多。无论哪一方，如果能合理利用各种环境因素，找准掩蔽物，就能争取战术优势，并大大提高己方的生存概率。

任何能够抵挡枪弹射击的物体，都可以视为掩蔽物。战斗中，只要躲在掩蔽物后方，便可避免被枪弹所伤。掩蔽物的防御强度没有固定标准，要视当面敌人的火力而定。在战斗中，士兵寻找掩蔽物是需要时间及空间的。大多数建筑物里或市区内的枪战都是短暂而激烈的，交战双方的距离越近，可供反应的时间便越少。尤其是当士兵遭到伏击时，如果一两步内没有掩护之处，就只能一边反击，一边退到就近的掩蔽物后，这个过程中极有可能出现较大的伤亡。为了避免出现这种极端不利的局面，士兵从某处移动到另一处之前，往往要事先规划好一条机动路线，尽可能地靠近一些合适的掩蔽物，避免陷入被动的险境。

在利用掩蔽物时，最需要注意的一个问题就是跳弹。因为掩蔽物往往具有坚硬的表面，这样才能抵御枪弹的强大侵彻力，但同时也会造成弹丸的反弹和跳飞现象。如果士兵忽略这个问题，那么即使找准了掩蔽物，也依然会被跳弹所伤。因此，如果条件允许，应与掩蔽物相隔 2 米左右，这样就能大大降低士兵受伤的概率。

在城市战中，最常见的两种掩蔽物便是墙壁和汽车。利用这两种掩蔽物时，需要一定的战术技巧。在许多人的认知中，最安全的方式就是紧贴墙壁。其实这样反而容易受到伤害，因为士兵身上的衣服及装备与墙壁摩擦会产生声音，进而暴露行踪，招致敌人的攻击。另外，紧贴墙壁也容易受到跳弹的伤害。

在街道中战斗时，汽车是最普遍的掩蔽物。很多枪战电影里都曾出现交火双方以汽车为掩蔽物的画面，但其中有许多动作都是不正确的。与墙壁相似，紧贴车身极易受到跳弹的伤害。如果与车身保持 2 米左右的距离，就可避免被跳弹所伤。然而，当敌人占据较高的位置时，与车身保持 2 米距离反而会使身体完全暴露在对方的火力之下，而且从高处落下的子弹的反弹角度也会相应提高，此时便无须与掩蔽物保持距离。此外，车辆虽然是很好的掩蔽物，但车底与地面间的空隙往往是被忽略的跳弹弹道。要发挥车辆的最大掩护效果，士兵应选择车轮后方作为藏身之处。

在掩蔽物后方战斗时，最容易犯的错误就是从掩蔽物上方探头寻找敌人的踪迹，这样极易成为敌方的射击目标。较为安全的方式是在掩蔽物的两侧持枪射击，以减少身体的暴露面积。军队在街区作战时，步兵往往会俯卧在墙角，冒出头来窥探敌人的动静。当双方交战距离较远时，这种动作是可以接受的。如果交战双方都在室内，敌人近在咫尺，就不能探出头去，否则极易遭到敌人的攻击。

黎巴嫩陆军的城市战装甲车掩体

以色列国防军士兵以墙壁为掩蔽物

以汽车为掩蔽物的以色列国防军士兵

如何突入建筑物并清剿守敌

　　由于建筑物是城市防御作战中重要的防御依托，因此要想取得进攻作战的胜利，就必须清剿建筑物内的守敌，而进入建筑物则是清剿守敌的第一步。

　　突入建筑物时，尽量不要利用门口突入，以免成为对方的活靶子。万不得已时，应侧身接近门口投入手榴弹后再行突入。通常要利用建筑物的窗口进入，如果窗口较高可以使用人梯或梯子进入，进入之前需要先投弹清扫房间。必要时，也可以采用带抓钩的绳索钩住窗户的方式进入内部，不过这种方式很容易被内部敌人发现而采取相应措施，应该减少使用频率。

　　在已经占据建筑物的高层时，可以使用索降的方式从窗户突入，但这种方式一方面需要较高的技能素质，另一方面也需要先向房间内投弹再迅速进入房内。在建筑物的房门和窗户都不能利用的情况下，就需要在建筑物外墙开一个洞，以使步兵钻洞进入。开洞的方式可以使用炸药爆破，也可以使用榴弹发射器或无后坐力炮，如果有坦克支援作战，也可以使用坦克炮洞穿墙体。同样，进洞之前也需要先投弹再突入其内部。

负责向房间内投弹的士兵应及时与其他人沟通，提醒其自己要投手榴弹，并使战友做好迅速进入房间清除敌人的准备；投弹手投弹时应采取侧身方式，反手将手榴弹投入房间。这时，另一名士兵应在另一侧做好准备，趁房间内敌人被手榴弹炸晕还未做出有效反应时迅速进入房间，以点射消灭敌军。投弹士兵也紧跟着进入房间，配合首先进入的士兵消灭残敌。如果有第三名士兵，一般要留在房门外面进行警戒，以防止来自后方的袭击；如果房门关闭，则需要先采取破门措施，先隐蔽在房门一侧射击门锁位置，然后踹开房门，接着再投弹。

在没有手榴弹的情况下，士兵可以占领房门一侧以手中武器向房内射击，趁敌人混乱再突入消灭残敌。如果有两名士兵同时从房门两侧同时射击，效果更好。利用楼梯向上搜索时，首先应观察是否有爆炸性障碍物和铁丝网等并加以清除，然后再利用楼梯作掩护向楼梯拐角处投弹，爆炸后再投一枚到拐角后面的走廊内爆炸，最后采取突击行动。清除残敌后，应该迅速打扫战场，布置兵力兵器，修复防御工事，以将建筑物作为下一步进攻的依托或者防止敌方反击。

美国海军陆战队第 2 坦克营的 M1"艾布拉姆斯"主战坦克对一栋建筑射击

英国陆军士兵在建筑内部行进

城市战中多人小队如何优势互补

在城市战中，小队协作比单枪匹马更有效、更安全，前提是要通过相关的战术技巧，把每个队员的能力集合起来，获得"1+1>2"的效果。为了做到这一点，队员必须密切配合，有一致的行动目标；队员之间沟通顺畅并且有可靠的无线通信传输设备；每名队员能分担不同方向的掩护职责，从而达成全方位的警戒。如果小队无法做到上述几点，那么依然只是几名士兵的简单集合，达不到优势互补的目的。

一个完整的小队包括前锋、掩护手及后卫等。前锋是第一个越过障碍或关键地点的队员，掩护手负责给前锋提供掩护及协助其搜寻敌情。在某些环境中，如果相反方向存在两个必须同时警戒的危险点，如十字形走廊交叉处，掩护手的作用就如同前锋的另一双眼睛。后卫处于队伍尾端，要负责小队的背后警戒，并消除一切潜在的威胁。

在搜寻过程中，各个队员的角色并非固定不变，而要视建筑物的结构、客观环境及形势发展，在队员之间随时进行调整。当人手不足时，若只能以两人小队形式执行任务，那么后卫的角色便会被首先调换，此时掩护手便要担负双重责任，兼顾背后的警戒工作。一旦小队中任何一名队员发现敌人，不论是大声报警还是立刻开火，也不管该队员当时担任哪种职责，他都应自动成为小队的前锋。其他队员仍然坚守各自的警戒方向，但整个小队的行动将会以他的战术需求为中心，而最靠近他的战友则成为掩护手，需要时给予协助和侧翼掩护，余下队员成为小队的后卫，不仅警戒原来的掩护地域，同时要兼顾掩护手留下的警戒方向。

城市战极具危险性，队员很有可能在执行任务时受伤，因此受伤撤离的练习也是比较重要的课目，并且要针对不同的角色、不同的警戒状态反复练习。战斗中如果有队员中弹，旁边的战友应自动担任掩护手，迅速以火力掩护，取代受伤队员的战斗位置。这种方式的好处是压制了敌人进一步的攻击，迫使其躲到掩蔽物后，从而获得宝贵的后撤时间。而如果立即救治伤员，就有可能导致更多的伤亡。

尽管现代军队使用的武器装备颇为精良，但如果战斗持续时间较长，枪械故障或需要更换弹匣的可能性便会增大。由于事发突然且室内战斗多在中短距离内发生，此时战友给予的及时掩护往往关乎个人的生死。因此队员之间的互相支援，是小队战术训练里的重要课目。

乌克兰陆军三人小队在建筑物内部作战

美国和波兰特种兵进行联合训练

各司其职的美国陆军特种作战小队

>>> 如何破解敌方狙击手的"围尸打援"战术

所谓"围尸打援",是指狙击手将敌军部队中较为重要的一个人故意打伤,而不是打死,当被打伤的人丧失自我行动能力之后,其战友一定会上前进行救援,这就为狙击手创造了很好的击杀机会,瞄准上前施救的人迅速扣动扳机,逐一进行击杀,最终达到预期目的。

也就是说,被打伤的人是狙击手故意制造的诱饵。显然,狙击手是在利用军人之间的袍泽之情。虽然这种战术极为残忍,对于任何人来说都是难以接受的,但就战斗效果而言,这种战术无疑是很成功的。

不过,"围尸打援"战术只有在敌方人员较少时才能奏效,可以一对多顺利击杀。若是敌军人数过多,狙击手会适时使用策略将敌人分散,并且最大限度地保证自己隐藏的位置不被敌人发现,保证自己的人身安全。

要破解"围尸打援"战术,就必须有一位出色的指挥官沉着应对。首先要判定狙击手所在位置,试探出大概位置之后,迅速呼叫轰炸机或无人机支援。与此同时,派出少量士兵前往救援,为了提高成功概率,可先向受伤战友所在位置抛出

陆军狙击手

烟幕弹，然后借助烟雾的掩护迅速带受伤战友撤离。这样就可以不用损失太多己方士兵，又能对狙击手造成一定程度的打击。不过，战友之间的感情异常深厚，如果狙击手发现敌人不上钩，会主动出击刺激敌人，从而达到目的。这也是各国军人对"围尸打援"战术无比痛恨的原因。

　　值得一提的是，现在各国军队已经发展了多种用于反狙击手的武器装备，例如声波探测仪、红外探测器、激光探测系统、微型无人机探测系统等。在现代战争中，很多国家的军队还会直接采用火力覆盖的方式对狙击手进行打击，而这也是狙击手最难躲避的一种方式。

陆军狙击手

战时如何安全转移伤病员

　　战争中，胜负双方都会出现伤病员。伤病员在经过现场的初步急救处理后，还需要尽快将其转移到舒适的养伤地点，或者送到己方营地做进一步的救治，这就需要转移伤病员。如果转移工作做得正确及时，不但能使伤病员迅速地得到较全面的检查、治疗，还能减少在这个过程中病情的加重和变化。如果转移不当，轻则延误对伤病员进行及时的检查治疗，重则使伤情、病情恶化，甚至造成死亡，使现场抢救工作前功尽弃。因此，绝不能低估转移伤病员的意义。转移伤病员时，要根据伤病员的具体情况，选择合适的搬运方法。

在仅有一位救护者时，可以采用的搬运方法有扶行法、背负法、爬行法和抱持法等。扶行法适用于没有骨折，伤势不重，能自己行走的伤病员，救护者需要将伤病员的一侧上肢绕过救护者的颈部，然后用手抓住伤病员的手，另一只手绕到伤病员背后，搀扶行走；背负法适用于体轻、清醒的伤病员，并且没有上肢、下肢和脊柱骨折的伤情。救护者需要朝向伤病员蹲下，让伤病员将双臂从救护者肩上伸到胸前，然后抓住伤病员的大腿，慢慢站起来；爬行法适用于在狭窄空间或浓烟的环境条件下，搬运清醒或昏迷的伤病员；抱持法适用于没有骨折，体重较轻的伤病员，是短距离搬运的最佳方法。救护者需要蹲在伤病员的一侧，面向伤病员，一只手放在伤病员的大腿下，另一只手绕到伤病员的背后，然后将其轻轻抱起。

在有两位救护者时，可以采用的搬运方法有轿杠式和双人拉车式。轿杠式适用于清醒的伤病员，具体方法是两名救护者面对面各自用右手握住自己的左手腕，再用左手握住对方右手腕，然后蹲下，让伤病员将两上肢分别放到两名救护者的颈后，再坐到相互握紧的手上，两名救护者同时站起，行走时同时迈出外侧的腿，保持步调一致；双人拉车式适用于意识不清的伤病员，具体方法是一人站在伤病员的背后将两手从伤病员腋下插入，把伤病员两前臂交叉于胸前，再抓住伤病员的手腕，把伤病员抱在怀里，另一人反身站在伤病员两腿中间将伤病员两腿抬起，两名救护者一前一后地行走。

在有三位或四位救护者时，可以采用的搬运方法有三人异侧运送、四人异侧运送。三人异侧运送的具体方法是两名救护者站在伤病员的一侧，分别位于肩、腰、臀、膝部，第三名救护者可站在对面，两臂伸向伤病员的臀下，握住对面救护者的手腕，三名救护员同时单膝跪地，分别抱住伤病员肩、后背、臀、膝部，然后同时站立抬起伤病员；四人异侧运送的具体方法是三名救护者站在伤病员的一侧，分别位于头、腰、膝部，第四名救护员位于伤病员的另一侧，四名救护员同时单膝跪地，分别抱住伤病员颈、肩、后背、臀、膝部，再同时站立抬起伤病员。

以上是徒手搬运伤病员的方法，如有条件，也可以就地取材制作一副简易担架。用粗绳在两个竹竿间交叉结成锯齿状结构，即可做成一个简易担架。利用木棒与大床单折叠，也可快速制成简易担架。如果急救现场一时找不到粗绳或大床单，救护者可将衣裤脱下套在两个木棒之间制成简易担架。此外，还可以用大床单将伤病员放在中央，两端卷起，两侧各站三人，一起抬起，搬运伤病员。需要注意的是，凡是创伤伤员一律应用硬直的担架，决不可用软性担架。如果是腰部、骨盆处骨折的伤员，就要选择平整的硬担架。在抬送过程中，应尽量减少震动，以免增加伤病员的痛苦。

美国陆军士兵练习单人搬运伤员

美国海军陆战队士兵练习搬运伤员

士兵受伤后如何紧急止血

在严苛的训练和激烈的战斗中，军人极易因受伤出现大出血的症状。人体任何部位的主动脉大出血都是极其危险的。失血 1.1 升会导致轻度休克，失血 2.3 升就会严重休克，这时就相当危险了，失血 3.4 升通常就会死亡。在战斗中，一旦出现大出血，必须马上加以控制，否则伤者随时都会死亡。控制人体外部出血的主要方法为直接按压、抬高肢体或者用止血带止血。

（1）直接按压

控制外部出血最有效的方法就是直接按住伤口，按压不但要有力以止住流血，而且要保持足够长的时间来使伤口表面闭合。

实施按压措施时，首先要用手指或者手掌直接按住流血处，如果有消过毒或者干净的敷布，按压时可以盖在伤口上，不过不要浪费时间去找这些东西。一定要用力按住，尽管是直接按在伤口上，也要用力按到止住流血为止。在这个过程中，最好不要松开手去检查血是不是已经止住了。用力压 30 分钟，然后再松开手检查。通常情况下，30 分钟已经足够止住血流了。

如果 30 分钟的按压还不能止血的话，那就需要用敷布来压迫伤口。敷布由厚厚的纱布或者其他适合的材料组成，直接包敷在伤口上，然后用绷带牢牢绑住。绷带对伤口周围造成压力从而止住流血。敷布应该绑得比平常的绷带紧，但是不能紧到危害肢体其余部分的血液流通。如果发现以下情形，就说明绷带绑得太紧了：摸不到脉搏，指甲和皮肤变成紫色，绷带附近的肢体有刺痛或者疼痛感。

敷布一旦绑上就不要拿下来，即使出血还在继续。如果绷带被血浸透了，说明已经不能产生足够的压力止住流血，那就需要增加压力，可以再绑一块敷布覆盖在原来的敷布上面。在绑另外一块敷布时需要抬高受伤者的肢体，同时用手指压住伤口。

敷布需要保留 1～2 天，之后拆掉重新换一块小一点的敷布。在此期间，需要经常检查敷布和伤口，看看出血是不是已经止住了，血液流通是否顺畅，有没有感染。如果不这么做，一旦发生血液流通不畅的问题，就很容易导致坏疽或者冻伤，严重时甚至会导致肢体坏死。

（2）抬高肢体

尽量抬高受伤者肢体，使之高过心脏，这样可以帮助受伤者的血液回流至心脏，并且降低伤口的血压，从而减少流血。不过，单纯地抬高肢体并不能完全止住流血，还必须同时压住伤口。

在包扎时抬高受伤者肢体

（3）止血带

只有当直接按压和抬高肢体都未能成功止血时，才需要使用止血带。直接施压是非常有效的措施，所以止血带通常很少用到，而且因为下列原因，一般不建议使用止血带：止血带如果绑缚正确的话，止血带内肢体的血液流动会被阻止，导致肢体的组织损伤。如果止血带绑缚的时间太长，损伤会逐渐加重，导致坏疽产生，最后使整个肢体坏死；止血带可能会阻止静脉血液流通，却不能阻止动脉血液流通，从而造成比用止血带前更厉害的动脉出血；止血带如果绑得不正确，会导致绑扎部位的神经以及其他组织永久性受损。

如果必须使用止血带，可以用牢固、柔软的材料，诸如纱布、大块手帕、三角绷带、毛巾等材料临时做一条止血带。为了把对神经、血管以及其他皮下组织的损害减少到最小程度，止血带在包扎前最好 8～10 厘米宽，包扎后至少 2.5 厘米宽。

止血带的使用步骤如下：①在肢体的伤口和身体之间，位于伤口上方 5～10 厘米的地方缠好止血带。切记不要把止血带直接置于伤口或骨折之处。②将止血带绕肢体两圈，打一个半结，然后放一根短棍或者类似的东西在结上，再打一个双结使之固定。③把短棍当作把手用，拧紧止血带，紧到能止血为止。绑止血带前，如果能摸到肢体上的脉搏，那么绑完之后应再检查一下，如果摸不到脉搏，说明止血带已经绑得足够紧了。④绑紧止血带后，应把短棍的另一端固定在肢体上，以防止松开。

⑤固定好短棍之后，清洁、包扎伤口。如果士兵是孤身一人，绑好止血带之后就不要再松开它。

美国海军陆战队士兵使用止血带为战友止血

使用短棍拧紧止血带

Part 05
战例解析篇

在人类战争史上，有无数的经典战役广为流传，为人称颂；也有无数的惨烈之战，让人闻之悲痛。尤其是 20 世纪上半叶的两次世界大战，对人类社会的影响极为深远。在这些战役中，单个士兵的力量看似不起眼，实则不同程度地影响着战争的进程和结果。

索姆河战役中德军的超越射击法为何如此可怕

　　说起一战中最为惨烈的战役，非凡尔登战役莫属，因为在 15 千米的战场宽度竟然伤亡百万之众，所以被后人称为"凡尔登绞肉机"，但其实还有一场战役比凡尔登战役的伤亡人数更多，那就是索姆河战役。

　　索姆河战役发生在 1916 年 6 月 24 日到 11 月 18 日，英、法两国为突破德军防御并将其击退到法德边境，于是在位于法国北方的索姆河区域实施作战。双方共伤亡 130 万人，是一战中最惨烈的阵地战。在索姆河战役期间，英军的进攻方式是利用徐进弹幕随己方步兵推进而弹着点前移，步兵再以排成横列的方式（线式战术）进军。而德军以机枪、火炮构成强大的防御火力，使英军耗损大量步兵，却仍不能顺利攻占德军阵地。当时英军士兵的主要武器步枪对于德军阵地的打击有限，甚至根本无法对付德军防御时的强大火力。大部分士兵在到达战壕前线之前就已伤亡倒下。

正在挖掘战壕的英军士兵

德军装备的马克沁机枪在索姆河战役中一战成名，成为步兵的噩梦。马克沁机枪是两次世界大战中造成伤亡最大的武器，它可以采用"超越射击法"，轻松收割敌方战壕和掩体后面的步兵生命。

超越射击法是德军在旷日持久的堑壕战中发明的一种非常可怕的战法，即马克沁机枪利用地形或弹道高度，使子弹越过己方人员上空，对远距离的敌人造成杀伤。据当时的英国士兵回忆，德军马克沁机枪发射的子弹甚至能从肩胛骨穿入再从手腕穿出，即使是匍匐卧倒或者进入掩体也毫无作用。

马克沁机枪的超越射击法，类似古代弓箭的抛射，就是让马克沁机枪的枪口抬高 30 厘米左右，采用大仰角射击，以 30°～45°角向敌方阵地抛射，子弹的弹道呈大抛物线，最远可射出 4000 米。在马克沁机枪的超越射击法面前，步兵采用匍匐、卧倒，挖掘散兵坑等常用的防炮击方法都毫无效果，就算是躲在战壕里，子弹仍可以从上至下射入战壕。马克沁机枪就像是割麦子的镰刀，一茬一茬地收割人命。后来，英国发明了坦克这种全新的武器，才逐渐扭转局面。

>>> 拒绝使用武器的戴斯蒙德·道斯为何能获得荣誉勋章

戴斯蒙德·道斯于 1919 年 2 月出生在美国弗吉尼亚州林奇堡市的木匠家庭，他的家人都是虔诚的基督教信徒，从小戴斯蒙德·道斯就耳濡目染，对其影响最深的就是第六诫——不可杀人，这也是他日后一直坚持非暴力的原因。

二战爆发之前，戴斯蒙德·道斯在弗吉尼亚州的一家造船厂工作，1942 年 4 月他自愿入伍，进入南卡罗来纳州的杰克逊堡参加训练。初期他想以非战斗人员的身份加入军队，但是当时美国陆军并没有这种单位，后来他选择成为一名医疗兵，并拒绝使用武器。由于戴斯蒙德·道斯的信仰坚持与美国军方的规定格格不入，他一直受到排挤，在军中被视为懦夫和异类，甚至一些长官想以精神问题为由劝退他。但戴斯蒙德·道斯身为医疗兵，在工作上尽职尽责，他所属的连队是伤病最少的单位，哪怕是假期需要急诊，他也会留下来帮忙。戴斯蒙德·道斯的工作表现无可挑剔，让想清退他的长官很是头疼。太平洋战争前夕，戴斯蒙德·道斯被分配到第 77 步兵师的第 307 步兵团担任医疗兵，被派往太平洋战场。

在钢锯岭战役中，戴斯蒙德·道斯以医疗兵的身份挽救了 75 名战友的性命。当时钢锯岭已经被日军占据，戴斯蒙德·道斯就在日军眼皮子底下救人。当日军靠近

他时，他就趴在地上装死尸。当日军离
开，他就悄悄地将幸存的战友送下钢锯
岭。因多次在无武器的情况下穿越战场
救助伤兵，戴斯蒙德·道斯的故事被广
为流传。1945 年 11 月 1 日，时任美国
总统的杜鲁门为戴斯蒙德·道斯颁发了
美国最高军事奖章——荣誉勋章。戴斯
蒙德·道斯因此成为二战期间第一个拒
绝使用武器、没有杀死任何敌人却获得
最高荣誉的士兵。由梅尔·吉布森执导
的战争电影《血战钢锯岭》（2016 年上
映）所讲述的故事便改编自戴斯蒙德·道
斯的真实经历。

戴斯蒙德·道斯获颁荣誉勋章

▶▶▶ 为什么说布列斯特要塞保卫战苏军虽败犹荣

　　布列斯特要塞是白俄罗斯与波兰交界的重要关口，1830 年沙俄军队在老城基
础上构筑起新的工事，初步打造出具有防御能力的边境重镇。由于要塞距白俄罗斯
首都明斯克仅 350 千米，又是华沙至莫斯科以及立陶宛至西白俄罗斯到西乌克兰的
交通要道，战略位置极其重要。一战时，沙俄军队曾在这里驻守，但面对德国强大
的军事力量，布列斯特要塞防御薄弱，沙俄军队不战而退。到了二战爆发前的
1939 年，苏军针对德军可能的东进企图，重新进驻布列斯特要塞，并将这里进行全
面防御升级，在两条河流分割的 4 座小岛上，分别建立了 1 个中央工事和 3 个桥
头堡，由于时间仓促，德军发起"巴巴罗萨"行动时，布列斯特要塞并没有完全进
入战争状态，有的地方工事还没完成，更重要的是，大大小小的炮位上基座才刚刚
修好，大炮和重武器都没运进要塞。

　　1941 年 6 月 22 日凌晨，德国军队向苏联发动进攻，德军第 45 步兵师负责正面
突击布列斯特要塞。战役打响后，德军先用 12 个炮兵营和重炮重点向布列斯特要塞
定点炮击，驻守在要塞内的 8000 多名苏军官兵，有的还在熟睡，有的还没明白什么

布列斯特要塞大门

情况就牺牲在卧室里。

　　早在德军制订"巴巴罗萨"计划的时候，德军就多次把布列斯特要塞列为第一攻击目标，因此，为了达到首战成功的目的，德军对布列斯特要塞部署了加强力量。由于战争初期苏军对德军"闪电战"缺乏足够的认识，没有预料到德军装甲部队进攻速度那么快，以至开战之初苏联西部军区损失惨重，驻守要塞的苏军得不到及时援助，致使德军对要塞进行了分割包围，断绝了苏军可能的救援。要塞苏军苦战一周，表面阵地全部被德军占领，驻守在地堡里的官兵也伤亡惨重。不过，布列斯特要塞保卫战迟滞了德军步兵的进军速度，造成大批德军步兵无法及时参加比亚韦斯托克 - 明斯克战役，使许多苏军部队能够从德军的包围圈中突围撤退。

　　有资料显示，在 1941 年 6 月 22 ～ 30 日，300 万德军一线攻击部队一共阵亡了 8886 人，仅在布列斯特要塞，德军第 45 步兵师就阵亡了 462 人（包括 80 名军官，另有 1000 余人负伤）。惨重的伤亡使德军认识到对付要塞内的苏军最好的办法还是猛烈的炮火，而非步兵进攻。6 月 27 日，德军开始使用可以发射重达 1.25 吨炮弹的 540 毫米臼炮和专门对付钢筋混凝土工事、可以发射重达 2 吨炮弹的 600 毫米臼炮，德国空军则向要塞投掷重型炸弹。忙于指挥攻取明斯克的德军中央集团军群司令冯·博克元帅向负责攻取布列斯特要塞的冯·克鲁格元帅抱怨说，应当把第 45 步兵师尽早从布列斯特要塞的战斗中解脱出来，因此德军又从预备队调来第82工兵营，专门使用炸药来爆破未被炮火摧毁的建筑物，并为进攻的步兵专门配备了火焰喷射器，最终在6月底攻陷了布列斯特要塞。

整个布列斯特要塞保卫战，苏军付出2000余人阵亡的代价，另外有一大批官兵被俘。此战成为苏军在卫国战争中英勇不屈的一个象征，战争结束后要塞官兵得到苏联政府的高度赞扬。

>>> 战绩并不拔尖的瓦西里·扎伊采夫为何声名显赫

由法国导演让·雅克·阿诺执导、裘德·洛主演的《兵临城下》是战争电影中的经典之作。该片讲述二战时苏联红军传奇狙击手瓦西里·扎伊采夫与德军顶尖的狙击手康尼少校，在斯大林格勒战役中的一场生死之战。

瓦西里·扎伊采夫是真实历史人物，他出生于亚列宁斯科亚，在乌拉尔山脉脚下长大。在前往斯大林格勒前，瓦西里·扎伊采夫服役于苏联海军，担任岸勤人员。一次偶然的机会，他从报纸上得知斯大林格勒战役非常惨烈，于是他自愿申请参战。瓦西里·扎伊采夫被分派到苏联陆军第62军第284步兵师第1047团。在某次战斗中，他用普通莫辛-纳甘步枪一枪击杀了800米外的一名德军指挥官，之后出来查看的德军都被他一一射杀，因此表现出狙击手天赋的他获得了英

手持狙击型莫辛-纳甘步枪的瓦西里·扎伊采夫

勇勋章和一支狙击型莫辛-纳甘步枪。他的战绩宣传给当时在斯大林格勒陷入苦战、缺衣少食的苏军带来了很大鼓舞。

在 1942 年 11 月 10 日到 12 月 17 日的斯大林格勒保卫战中，瓦西里·扎伊采夫总共击毙了 225 名德国及其他轴心国部队的官兵，其中包括 11 名狙击手。而在 11 月 10 日之前，瓦西里·扎伊采夫使用普通莫辛-纳甘步枪总共击毙了 32 名敌人。由于瓦西里·扎伊采夫在斯大林格勒保卫战中一战成名，所以苏军在斯大林格勒的拉祖尔化学工厂成立狙击学校，并由他亲自负责训练。瓦西里·扎伊采夫总共训练了 28 名狙击手，据估计，这 28 名狙击手总共击毙了 3000 多名敌人。1943 年 2 月 22 日，瓦西里·扎伊采夫被授予"苏联英雄"荣誉称号。

论战绩，瓦西里·扎伊采夫并不那么显赫。毕竟二战中消灭 300 名以上敌人的狙击手在苏军中就有 20 多人。然而瓦西里·扎伊采夫在军史学家眼中声誉最高，主要是因为他为狙击学的发展作出了贡献。瓦西里·扎伊采夫写过两本关于狙击作战的书，这两本书现在还被俄罗斯军队作为教科书，并创造性地提出了至今仍被采用的"六人猎杀小队"狙击作战方案——用 3 个双人狙击小组（狙击手和观测手）的火力来封锁目标地域。

硫磺岛插旗照片为何被美国政府大力推崇

硫磺岛战役是二战太平洋战争中美国与日本之间爆发的一场战役，自 1945 年 2 月 19 日战斗至 3 月 26 日。此次战役是太平洋战争中比较激烈的战役，期间日军坚守硫磺岛，但美军最终还是将其攻克，战役中美军共阵亡 6821 人，负伤 21865 人，而日军 1083 人被俘，22703 人阵亡。

硫磺岛战役除了因战况惨烈而广为人知，还因美联社战地记者拍下了美国海军陆战队士兵在折钵山竖起国旗的场景，而有别于其他的太平洋岛屿登陆战。

1945 年 2 月 23 日上午，美国海军陆战队第 5 师第 28 团第 2 营浴血奋战，终于占领了硫磺岛制高点折钵山的山顶，士兵们随即升起了一面小型国旗，当时战斗还在激烈进行中，插旗这件事非常危险。正在视察的美国海军部长詹姆斯·福莱斯特在军舰里看到这面旗帜后，兴奋地说了一句名言："这面旗帜象征着美国海军陆战队此后五百年的荣誉！"他明确表示希望留下那面旗帜作为纪念品。听到这个消息后，第 2 营营长钱德勒中校命令部下重新插一面更大的国旗。随后，6 名士兵完成了这一壮举，插旗过程中，美联社战地记者乔·罗森塔尔拍摄了一幅照片。这幅照片 9 天后在《生活》杂志发表并引起轰动，甚至一度惹来争议，因为有人认为乔·罗森塔尔的照片是摆拍的结果。当误会被澄清后，乔·罗森塔尔获得了当年美国的新闻摄影最高奖项——普利策新闻摄影奖。

这幅照片中出现的 6 人，有 3 人在之后的战斗中阵亡，其余 3 人被安排回国进行了军券的巡回销售活动。销售很成功，共卖出了 263 亿美元，两倍于当时的目标。由于这幅照片真实反映了二战期间美国军人浴血奋战的形象，美国政府不仅在战时将它作为献给阵亡将士的礼物，而且在战后还根据照片制作了一座雕像，安放在华盛顿阿灵顿国家公墓，供后人凭吊。这幅照片还成为许多雕塑和绘画作品的原型以及邮票的图案，在很多美国电影中都有模仿。

美军士兵在硫磺岛折钵山上竖起国旗

负隅顽抗的横井庄一如何在野外独自生存 27 年

横井庄一 1915 年出生于日本爱知县，1941 年被征召入伍。日军在中途岛战役惨败后，横井庄一作为日军死守太平洋战场的一员，被派驻战略要地关岛。

1944 年 7 月，美军在塞班岛战役苦战胜利后，乘胜追击，直指日军的另一个要塞：关岛。横井庄一作为守岛的士兵之一参加了战斗，但日军最终被美军击溃。

横井庄一本想向美军投降，但想到日本政府对投降的军人处罚十分严厉，自己回国后极有可能被判处"死刑"，横井庄一只好打消了这个念头，求生的本能促使他撤离了战场，向着深山密林逃亡。

为了不让登陆的美军发现，横井庄一选择了深山中的一个隐蔽之处，用步枪挖了一个洞穴，再用枯枝败叶掩藏好洞口，昼伏夜出。解决了藏身的问题，接着就得解决果腹的问题。起初，横井庄一以野果为食，但野果数量毕竟有限，并且他多次因误食有毒的野果而险些丧命。于是，老鼠、青蛙、蛇等动物，便成了他不得不选择的食物。几年下来，横井练就了一身"捕鼠逮蛇"的本领。由于参军前做过裁缝，横井庄一还利用植物的纤维为自己编织衣物。

日本战败投降后，美军曾利用战斗机向关岛等战场投放过终战通知书，但横井庄一却认为这是美军的攻心之策，对美军的通知书不闻不问。就这样，横井庄一在深山中一躲就是27年。直到1972年，横井庄一才被两名关岛的猎人发现。长期的野人生活，居然没有令横井庄一失去语言能力，经过心理医生82天的治疗后，他被送回了日本。后来，横井庄一和一名叫美保子的女人结了婚，但两人的婚姻只维持了一年就结束了。横井庄一已经适应不了日本当时的社会生活，只能一个人过着孤独的生活，直到1997年去世。

虽然横井庄一是一名出色的士兵，野外生存技能丰富，但是他因加入了一场罪恶的战争，成了侵略者，是不能被原谅的。

横井庄一曾经躲藏的洞穴被改造为旅游景点

美国入侵格林纳达战争有何启示

美国入侵格林纳达战争是指 1983 年 10 月 25 日凌晨，美国出动快速反应部队，采用突然袭击手段，对格林纳达发动的海空联合作战。

美国入侵格林纳达战争是一场"一边倒"的战争。美军在战争过程中始终掌握着主动权，并最终以很小的代价，在短时间内就完成了对格林纳达的占领，达成了战略目的。究其原因，一是双方国力对比悬殊，武器装备数量、质量差距很大；二是格林纳达国土太小，无持久作战的回旋余地；三是格林纳达作为岛国，外援易被断绝；四是美军正确的战略指导和战术运用。

美军是一支装备高度现代化的军队。在入侵作战中，美军三军出动，上有卫星、现代化作战飞机和各种直升机，下有包括航空母舰在内的大型水面舰艇、坦克和各种装甲车辆，有大量的精确制导武器，有先进的 C3I 系统，还有现代化的后勤保障装备。为充分发挥技术装备的优势，美军针对格林纳达是个岛国，四面环海，境内多山，格林纳达军队部署比较分散等实际情况，在作战中，十分强调各军兵种的密切协同；在登陆作战时，以垂直登陆为主，广泛采用伞降和机降等手段，从多方向迅速登陆，歼灭守军主力，并向纵深发展；在控制要点作战和清剿作战中，广泛进行空中机动作战，避开不利地形，歼灭孤立分散之敌，加速了战争进程。

战争中严重受损的美国海军陆战队 CH-46 "海骑士"直升机

反观格林纳达方面，既没有飞机、舰艇，也没有坦克、大口径火炮。虽然有装甲车，但数量很少，性能又很落后，根本起不了多大作用，其高技术装备更是等于零。更致命的是格林纳达军队主力以连、排为单位分散坚守各个要点，不互相支援，不善于集中一定兵力进行机动作战，以力争歼灭敌方有生力量。如此一来，格林纳达军队被美军迅速击败也就不让人意外了。

美军特种部队为何在索马里折戟沉沙

2001 年，美国哥伦比亚影片公司推出了一部战争电影《黑鹰坠落》。该片取材于 1993 年美国在索马里地区展开的维和行动。在此次行动中，美军以阵亡 19 人的代价击毙了数百名敌人。这本来是一个相当辉煌的战绩，然而在战后美方却宣告此次行动失败，这是为什么呢？其实主要原因是美军此次没能达成行动目标。

1993 年 10 月 3 日，由美国陆军"三角洲"特种部队和"游骑兵"特种部队的 160 名特种兵组成的特别行动小组受命深入索马里首都摩加迪沙，捉拿索马里军阀艾迪德。本来以美军的特种作战能力，抓捕非洲地区的军阀是比较简单的事情，但是美军的傲慢导致了此次行动的失败。在行动开始之前，美军根本就没有仔细收集此次行动所需的情报，也没有为行动部队提供必要的支援保障。这导致展开此次行动的 160 名特种兵要在没有足够情报、没有其他部队掩护的情况下孤军深入，而他们根本不知道，在当地军阀的宣传下，联合国维和部队已经成为索马里民众眼中的魔鬼。

由于美军低估了索马里民兵的火力威胁，两架 UH-60 "黑鹰"直升机接连被敌人的 RPG-7 火箭筒击落，美军特种兵在对机组人员进行救援时深陷敌方火网与路障，导致困在市区无法撤离，使原定数小时就可完成的突击任务，变成了长达十数小时的城市游击战。美军地面部队直到次日清晨联合国维和部队派出装甲车后才得以撤离。此次行动共有 19 名美军士兵阵亡，1 人被俘，数十人受伤。索马里方面约有 500 ～ 1000 名武装分子死亡，3000 ～ 4000 名普通民众受到波及（由于欠缺准确的情报渠道与政府治理，各方估计的数字落差非常大）。

摩加迪沙之战成为美军在第一次海湾战争之后损失最惨重的战斗之一，也是美军在越南战争结束数十年后，第一次与敌对武装势力发生的大规模城市游击战。由于美军此次行动的目标没有达成，而且美军没有带走的阵亡士兵尸体和那名被俘的美军士兵还被索马里军阀拖街游行，导致美国国内一片哗然。美方只能无奈地宣布任务失败，且此次行动的指挥官引咎辞职。

　　美军此次"滑铁卢"说明了两个问题：一是城市环境下作战，良好的装甲防护不可缺少；二是质量优势代替不了数量优势。虽然美军装备性能优异、作战人员训练有素，但面对成千上万、数量众多的武装分子，也免不了失败的命运。

美军直升机在摩加迪沙上空飞行

电影《黑鹰坠落》剧照

第二次车臣战争中俄军如何实施反狙击作战

车臣战争是指 20 世纪 90 年代俄罗斯联邦和其下属的车臣共和国分离分子之间爆发的两次战争。第一次车臣战争爆发于 1994 年 12 月 11 日，战争期间，车臣非法武装以狙击手段给进入格罗兹尼的俄军以重大杀伤。第二次车臣战争爆发于 1999 年 8 月，车臣非法武装利用狙击战术，再次让俄军遭受较大伤亡。不过，这一次俄军注意研究非法武装的狙击行动特点，不断研究反狙击战术，加强参战部队的反狙击训练，充分发挥自身武器装备的优势，很快由被动转为主动，赢得了围剿作战的胜利。具体来说，俄军主要实施了下述反狙击战术。

（1）**保持远距离交战，尽量避免与敌人近战**。第一次车臣战争中，俄军进攻部队在猛烈的火力支援下轻松攻入格罗兹尼市区，但很快遭到四面八方的冷枪冷炮的攻击。此时，俄军的坦克、步兵战车等重型装备没有用武之地。而敌方狙击手则可以随心所欲地从楼顶、各楼层的窗户、地下设施等不同角度和方向准确地打击俄军的坦克和步兵战车。第二次车臣战争中，俄军吸取了这一教训，在进攻格罗兹尼时，首先派出空军战机对市区进行轰炸，再让先头部队发起试探性攻击，当遇到敌人阻击时，则迅速撤回，然后集中火炮、武装直升机、轰炸机等远程火力对敌人实施猛烈突击，从而避免与敌人发生近距离的大面积巷战，减少了人员伤亡。

（2）**以灵活的近战战术，突然贴近和打击敌方狙击手**。俄军在城市进攻战斗中，为了避开敌方狙击火力，隐蔽、快速、安全地接近目标，通常采用科学部署、隐蔽伪装、突然打击等战法，有效地反制了敌人的狙击行动。俄军对格罗兹尼市区发起攻击时，以车臣民兵作为第一梯队，随后是具有特殊作战经验的俄罗斯内务部队。车臣民兵对市区地形熟悉，了解车臣非法武装的行动特点，他们一边推进，一边查明敌情，并及时呼叫支援火力打击车臣非法武装。俄罗斯内务部队战术灵活，战斗力强，可以及时增援车臣民兵，围歼车臣非法武装。战斗中，各分队通常编成若干个 3 人战斗小组，每个小组分别由狙击步枪手、冲锋枪手和火箭筒手组成，小组内的每一个成员都有具体的任务分工。发起攻击时，战斗小组首先使用发烟罐施放烟幕干扰敌人，使其无法精准射击，然后利用烟幕掩护迅速接近目标；当发现敌方狙击手或其他目标时，小组各成员相互支援、交替掩护，并迅速消灭目标。为了支援和掩护攻击分队接敌，打击敌方狙击手，俄军还将狙击步枪、机枪和迫击炮及观察器材等兵力兵器部署在已占领的楼房内和楼顶上，及时发现和射击藏匿在对面楼房里的敌方狙击手。正确的近战战术，有效地减少了俄军进攻部队的人员伤亡。

第二次车臣战争中的俄军狙击手

（3）**边打边剿，不给敌方狙击手活动空间**。俄军在城市进攻战斗中，坚持"一步一个脚印前进"的方法，边打边剿，前打后剿，一个房间、一座楼房、一个街道地全面清理，不漏掉一名敌人，不给敌方狙击手活动的空间。在搜剿行动中，俄军通常使用冲锋枪、榴弹发射器和火焰喷射器逐一清理建筑物，尤其是使用火焰喷射器，将敌人从楼房中驱逐出来，然后再使用步枪和机枪击杀。针对敌人行动狡猾、变化多端的特点，俄军在搜剿中遇到可疑人员时，会让他脱下上衣，检查其肩膀是否有武器后坐力留下的痕迹、手指是否有手榴弹导火索喷射的印迹、衣服是否有火药味等。

（4）**敌后破袭，让敌人神经紧绷**。俄军在组织主力部队进行正面攻击的同时，还投入特种部队，在敌方纵深开展袭击、破坏活动。特种部队以小编组的形式，利用夜暗、浓雾或通过各种佯动欺骗手段，从地面、空中，多路、多方向、多波次地渗透到敌方的指挥机构、营地、弹药库、油料库等重要地区甚至前沿阵地，摧毁或破坏敌方重要目标。

（5）**运用先进的反狙击手段，加强反狙击训练**。第二次车臣战争开始不久，俄罗斯国防部就及时作出决定，为作战部队装备新型狙击步枪，并配备先进的战场侦察器材。同时，还加强了单兵防护措施，配发了新型防弹背心。这种防弹背心不仅能够防炮弹破片杀伤，而且能够抵御手枪弹、步枪弹，对威力较大的狙击步枪子弹也有一定的防护作用。与此同时，参战部队广泛开展反狙击训练。不少部队聘请了一些射击运动员传授射击经验，帮助士兵熟练掌握狙击技术，并研究反狙击战法，反复进行反狙击演练。一些部队还在坦克排、机械化步兵排等单位专门编配了反狙击手，以便在战斗中及时对付敌方狙击手，掩护坦克、步兵战车等重型装备的安全，提高部队的反狙击作战能力。

正在搜剿敌人的俄军步兵

美军为何有多名士兵因扑手榴弹而获得荣誉勋章

　　1945 年 2 月 20 日，在硫磺岛战役期间，美国海军陆战队士兵杰克·卢卡斯与他的三名战友组成了一个 4 人火力小组，向日军的阵地进行渗透。在执行任务过程中，他们发现了日军的一个战壕，并将其作为掩护点。突然，11 名日军士兵发现了他们，并投掷了两枚手榴弹。面对这种情况，杰克·卢卡斯迅速作出反应，他大声喊出"手榴弹"的警告，然后勇敢地将其中一枚手榴弹扑在自己身下，同时迅速抓起另一枚手榴弹并将其紧压在身下。第一枚手榴弹在他身下爆炸，导致杰克·卢卡斯胸部、手臂和腿部严重受伤。幸运的是，第二枚手榴弹并没有爆炸。而杰克·卢卡斯的三名战友都安然无恙，并最终将 11 名日军士兵击毙。由于伤势严重，杰克·卢卡斯数次转院，先后接受 21 台手术才得到恢复。1945 年 10 月 5 日，杰克·卢卡斯被授予荣誉勋章，这是美军的最高荣誉。事实上，因扑手榴弹行为而获得荣誉勋章的美军士兵在历史上并不罕见。在二战期间，有数十名美军士兵因此被授予荣誉勋章。而在现代战争中，这类行为同样屡见不鲜。

据统计，在伊拉克战争中，美军共有 4 人获得荣誉勋章，其中 3 人都是因扑手榴弹而死。在阿富汗战争中，美军有 11 人获得荣誉勋章，其中有 4 人是因扑手榴弹而获此殊荣，并且有 3 人因此死亡。

手榴弹是现代战争中十分常见的单兵武器，面对敌人投掷而来的即将爆炸的手榴弹，士兵应该如何应对？很多士兵的选择是用自己的身体压住手榴弹，以便减轻己方伤亡。在很多国家的军队中，都发生过士兵扑手榴弹挽救战友的事情。在西方国家的军事术语中，对于身体扑手榴弹，有一个名词：Falling on a grenade。它的含义是指在战争期间，用身体盖住即将爆炸的手榴弹，吸收爆炸的碎片而挽救他人的生命。这种九死一生的行为，被西方人认为是一种无私的个人牺牲精神。

扑手榴弹的士兵大多会当场死亡，只有极少数幸运儿侥幸保住了性命，但也会付出极大的代价。有人会有这样的疑问：现代军队的士兵大多装备了防护力较强的头盔和防弹衣，能否利用它们抵御手榴弹的爆炸攻击？其实，从杜哈姆、迈克尔·蒙苏尔的事迹可以看出，不管是防弹头盔还是防弹衣，或者是两者的结合，均无法在极近距离内有效抵御手榴弹的爆炸攻击。

现代军队使用的手榴弹一般都是卵形手榴弹，装填炸药量大约 100 克，弹体由预制刻槽的钢板冲压而成，或者在塑料弹体中间嵌入钢珠，爆炸后主要依靠爆炸冲击波、预制破片或钢珠杀伤敌人，一般手榴弹的安全距离为 15 米，密集杀伤半径在 5 米左右。手榴弹的炸药装药爆炸时，产生剧烈的爆轰波，爆速和能量远远高于步枪弹。

美军从 1978 年开始逐步为士兵配发 PASGT 凯夫拉头盔，它的防弹能力颇为出色，达到了 IIIA 级。这种头盔能够在较近距离内抵御 9 毫米口径的手枪弹，甚至对 AK-47 突击步枪发射的 7.62 毫米步枪弹也具备一定防护能力。因为 AK-47 突击步枪发射的 7.62 毫米步枪弹初速达到 710 米/秒，最大动能超过 2000 焦，足见 PASGT 凯夫拉头盔防护性能的强悍。即便如此，PASGT 凯夫拉头盔也无法完全遮蔽手榴弹爆炸产生的威力。用头盔盖住手榴弹的结果只会是头盔被炸裂，强烈的爆炸冲击力、大量的高速破片将直接作用于人体，几乎没有人可以在这种情况下幸存下来。用头盔盖住手榴弹，再用身体扑上去，其实是用自己的身体消除手榴弹大部分杀伤力，从而保护旁边的战友。因此，用头盔盖手榴弹也是一种自我牺牲的残酷选择。

PASGT 凯夫拉头盔

参考文献

[1] 邓敏. 单兵作战技能手册 [M]. 北京：台海出版社，2019.

[2] 《深度军事》编委会. 单兵作战装备图鉴（白金版）[M]. 北京：清华大学出版社，2016.

[3] 白海军. 钢铁侠再现：未来单兵作战 [M]. 北京：化学工业出版社，2015.

[4] 赵渊. 士兵突击——单兵技能训练与装备揭秘 [M]. 北京：化学工业出版社，2014.

[5] 安德鲁·维斯特、M.K. 巴比尔. 步兵战：战略战术战例 [M]. 白平华、邓永卫译，北京：中国市场出版社，2013.